CD BOOK 新版 はじめての ドイツ語

中野久夫

はじめに

　本書は、これからドイツ語を学ぶ人のための入門書です。
　ドイツ語では名詞・冠詞・形容詞が格変化しますが、この点を除けば、英語にかなり似た言語です。

　Kapitel 1 の「アルファベットと発音」では、文字の読み方、発音の仕方など、基本の基本から学習していきます。
　Kapitel 2 の「基本文法」では、英語と比較しながらドイツ語の文法を説明しています。
　Kapitel 3 の「日常生活のやさしいフレーズ」では、「あいさつ」「お礼」「返事」などの場面別に、よく使われる会話文を紹介して、文法や単語も簡単に説明しています。
　Kapitel 4 の「旅行で使えるフレーズ」では、「ホテルで」「レストランで」など7つの場面別に、会話フレーズを紹介してあります。文法をここでも適宜説明しています。

　また、ドイツの有名なことわざも紹介しております。そして、読む練習として、ドイツの短い物語を紹介します。

よく似たドイツ語と英語を比較しながら学ぶことによって、学習の効率を飛躍的に高めることができます。

　本書のもう一つの特徴は、付録として「不規則動詞の変化表」「日本語から引けるドイツ語ミニ辞典」を収めてあることです。学習と海外旅行の良き伴侶になることがねらいです。

　ドイツ語の発音・基本文法・日常会話・旅行会話・物語・動詞の変化表・ミニ辞典を取りそろえた本書で、ドイツ語を一日も早くマスターしてください。

著者

目次

はじめに

Kapitel 1　アルファベットと発音

1. アルファベット ……………………………………… 10
2. 発音 …………………………………………………… 12
   英語と異なる発音／のばす発音／
   変母音の ä, ö, ü ／その他

Kapitel 2　基本文法

1. 「その木」「その花」「その家」冠詞と名詞 …………… 18
2. 「私は〜です」人称代名詞と sein（英語の be）……… 20
3. 「私は〜を持っています」haben（英語の have）…… 22
4. 「〜します」動詞の人称変化 ………………………… 24
5. 「〜しなさい」「〜してください」命令形 …………… 28
6. 「〜しません」「〜しますか？」否定文と疑問文 …… 29
7. 「〜は」「〜の」「〜に」「〜を」名詞と冠詞の格変化　31
8. 「良いワイン」形容詞の変化 ………………………… 33
9. 「私は」「私の」「私に」「私を」人称代名詞の格変化　36
10. 「〜しました」過去形 ………………………………… 39
11. 「〜になる」「〜になるでしょう」「〜される」
    werden〔なる・未来・受動態〕……………………… 43

12	「～できる」「～してもよい」 話法の助動詞	46
13	「私の」「あなたの」 所有形容詞	48
14	「この」「あの」「そんな」 定冠詞と同じ格変化をする語	51
15	zu dem が zum に　前置詞・定冠詞の結合	52
16	「～してしまいました」 現在完了形	55
17	aufstehen が stehen ～ auf に　分離動詞	57
18	「私は私を座らせる」が「私は座る」に　再帰動詞	58
19	英語とドイツ語	60

Kapitel 3　日常生活のやさしいフレーズ

1	あいさつ	72
2	お礼、おわび	74
3	返事	77
4	気持ち	79
5	自分のこと	82
6	相手にたずねる	85
7	時間、日	88
8	誘う、すすめる	91
9	希望、予定	93
10	依頼する	95
11	たずねる	98
12	いくら？　いくつ？	101
13	どこから？　いつから？	103

14	気候、自然	105
15	電話で	108

Kapitel 4　旅行で使えるフレーズ

1	ホテルで	112
2	乗り物	116
3	レストランで	118
4	ショッピング	122
5	観光地で	126
6	トラブル	128
7	体調	131

ドイツの有名なことわざ ……………………………… 136
ドイツの物語にチャレンジ …………………………… 138
不規則動詞の変化表 …………………………………… 143
日本語から引けるドイツ語ミニ辞典 ………………… 153

カバーデザイン　清原一隆
　　　　　　　　（KIYO DESIGN）
カバーイラスト　本田亮
本文レイアウト　滝口美香
本文イラスト　　藤島つとむ

Kapitel 1
アルファベットと発音

　ドイツ語は、そのほとんどをローマ字式に発音します。ただし、vをf、wをvに発音するといった、いくつかの例外があります。単語には英語に似たものがたくさんあり、「指」はFinger［フィンガァ］、「名前」はName［ナーメ］です。

　次に述べる発音のルールさえ覚えれば、Kapitel 2のドイツ語がすぐ読めるようになります。

Section 1 アルファベット

CD 1

A	a	[アー]	N	n	[エンヌ]
B	b	[ベー]	O	o	[オー]
C	c	[ツェー]	P	p	[ペー]
D	d	[デー]	Q	q	[クー]
E	e	[エー]	R	r	[エア]
F	f	[エフ]	S	s	[エス]
G	g	[ゲー]	T	t	[テー]
H	h	[ハー]	U	u	[ウー]
I	i	[イー]	V	v	[ファオ]
J	j	[ヨット]	W	w	[ヴェー]
K	k	[カー]	X	x	[イクス]
L	l	[エル]	Y	y	[ユプスイロン]
M	m	[エム]	Z	z	[ツェット]

この26文字に ä・ö・ü・ß を加えて、アルファベットを30とする場合もあります。

Kapitel 1 アルファベットと発音

　アルファベットは、英語と同じ活字体、同じ筆記体が用いられます（しかし、古くには下に示したドイツ字体が用いられていました）。

　ただし、今も昔も変わりなく、ドイツ語には英語にないウムラウトがついたものと、エス・ツェット（ß）があります。

Ä　ä	𝔄　ä̆	[ɛ:]　エー
Ö　ö	ↃȎ　ŏ̈	[ø:]　エー
Ü　ü	𝔘　ü̆	[y:]　ユー

　ウムラウトについてはあとで説明しますが、a の口で［エー］、o の口で［エー］、u の口で［ユー］と発音する文字です。

Section 2 発音

英語と異なる発音

▶ 私は日本人です。
Ich bin Japaner.
イッヒ　ビン　ヤパーナァ

Ich［イッヒ］（私）の ch と、Japaner［ヤパーナァ］（日本人）の j の発音。ただし ch に -s がついた、たとえば Ochs［オックス］（牛）や sechs［ゼックス］（6）は、chs を［クス］と発音します。

▶ これは1冊の本です。
Das ist ein Buch.
ダス　イスト　アイン　ブーフ

Buch［ブーフ］（本）は、ch を Bu の u にそろえて、「ヒ」ではなく、「フ」と発音します。

▶ 彼女は私の娘です。
Sie ist meine Tochter.
ズィー　イスト　マイネ　トホタァ

12

Kapitel 1 アルファベットと発音

今度は Tochter［トホタァ］(娘) の ch を o にそろえて、「ホ」と発音します。

▶ 私は頭痛がします。
   Ich habe Kopfschmerzen.
   イッヒ　ハーベ　コップフシュメルツェン

Kopf［コップフ］(頭) の pf は文字通り「プフ」、Schmerz［シュメルツ］(痛み) の sch は「シュ・シ」と発音します。

▶ 彼は学生です。
   Er ist Student.
   エーアイスト シュトゥデント

Er は［エーア］または［エア］と発音します。ただし Horn［ホルン］(角笛) の r は「ル」、hören［ヘーレン］(聞く) の r も「ル」。

語頭の st や sp は［シュト］・［シュプ］と発音します。

▶ Student［シュトゥデント］学生
▶ sprechen［シュプレッヒェン］話す

▶　その音楽は幻想的です。
　　Die Musik ist phantastisch.
　　　ディー　ムズィーク　イスト　　ファンタスティッシ

　phantastisch［ファンタスティッシ］（幻想的）の ph は「フ」と発音します。

▶　フランスからスイスへ
　　von Frankreich zur Schweiz
　　　フォン　　フランクライヒ　　ツア　　シュヴァイツ

　von［フォン］（～から）の v は英語の f、Schweiz［シュヴァイツ］（スイス）の w は英語の v の発音です。
　Schweiz の z は［ツ］と発音し、Katze［カッツェ］（猫）の tz も［ツ］と発音します。

▶　ゲオルグとヤコブ〔人名〕
　　Georg und Jakob
　　　ゲーオルク　ウント　ヤーコプ

　語末の g・d・b は、Georg［ゲーオルク］・und［ウント］・Jakob［ヤーコプ］のように、[k]・[t]・[p] の発音になります。

Kapitel 1 アルファベットと発音

のばす発音

▶ 彼は通りに出ます。

Er geht auf die Straße.
　エア　ゲート　アウフ　ディー　シュトラーセ

geht［ゲート］（行く）の eh は［エー］とのばして発音し、die［ディー］（英語の the）の ie も［イー］とのばして発音します。

▶ Saal ［ザール］ 広間
▶ leer ［レーア］ からっぽの
▶ Boot ［ボート］ 小舟

aa も ee も oo も、［アー］［エー］［オー］とのばします。

▶ deutsch ［ドイッチ］ ドイツ（人・語）の

eu は［エウ］でなく［オイ］と発音します。

tsch［チ］、sch［シ］、ch［ハ］（または［ヒ］）と、まとめて覚えましょう。

15

変母音の ä、ö、ü

▶ grüner Baum　　緑の木
　　グリューナァ　バウム

▶ schönes Mädchen　美しい少女
　　シェーネス　メートヒェン

　‥を「ウムラウト」と言い、ä は a の口で［エー］、ö は o の口で［エー］、ü は u の口で［ユー］と発音します。

▶ Baum ［バウム］ → Bäume ［ボイメ］ 木

äu は eu と同じく、［オイ］と発音します。〔複数形〕

その他

▶ Ei ［アイ］ 卵
▶ ein ［アイン］ 一つの

ei は［エイ］でなく、［アイ］と発音します。

▶ König ［ケーニヒ］ 王

-ig〔語末〕は［イヒ］と発音します。

Kapitel 2
基本文法

　Kapitel 2 では、あなたが身につけている英語を土台にして、ドイツ語の文法が英語の文法とどのように違うかを見ていきます。この章を読んでいくうちに、ドイツ語会話に必要な文法が自然と身につきます。

Section 1 「その木」「その花」「その家」

CD 3　　　　　　　冠詞と名詞

冠詞と名詞には「性」と「数」があります

● 定冠詞

名詞の「木」「花」「家」に、定冠詞をつけると、英語では

〈英語〉
the tree　　the flower　　the house
（その木）　（その花）　　（その家）

英語の the は、ドイツ語では3つに分かれます。

〈ドイツ語〉
der Baum　　die Blume　　das Haus
デア バウム　　ディー ブルーメ　　ダス ハウス
（その木）　　（その花）　　（その家）

ドイツ語では名詞はすべて大文字で書き始めます。名詞には男性・女性・中性の区別があり、それにつく定冠詞も男性・女性・中性に分かれます。「男は男の帽子」というわけです。

父 Vater	母 Mutter	女の子 Mädchen
ファータァ	ムッタァ	メートヒェン

「父」が男性で「母」が女性であることは当然ですが、「女の子、少女」は、まだ女性性獲得の途上にあるからでしょうか、中性とされます。

「木」「花」「家」の性を文法性と呼び、「父」「母」「女の子」を自然性と呼びます。いずれの性であるかは、辞典を引けば載っています。

名詞が複数になると、-s や -en がつきますが、Vater は Väter［フェータァ］が複数形です。複数名詞ではすべての性に共通に、die［ディー］が冠詞としてつきます。

● 不定冠詞

次に、「木」「花」「家」に不定冠詞をつけると、

ein Baum	eine Blume	ein Haus
アイン バウム	アイネ ブルーメ	アイン ハウス
（ある木）	（ある花）	（ある家）

不定冠詞は英語では a です。a の複数形がないように、ドイツ語の不定冠詞にも複数形はありません。

定冠詞・不定冠詞の格変化は、「Section7　名詞と冠詞の格変化」で学習します。

Section 2 「私は～です」

CD 4　人称代名詞と sein（英語の be）

◀ I am ～をドイツ語で ▶

	単数	複数	
1人称	ich bin イッヒ ビン	wir sind ヴィーア ズィント	
2人称	du bist ドゥー ビスト	ihr seid イーア ザイト	親称
3人称	er エア sie ズィー } ist イスト es エス	sie sind ズィー ズィント	
2人称	Sie sind ズィー ズィント	Sie sind ズィー ズィント	敬称

　ドイツ語の2人称主語には、英語にない親称・敬称の区別があります。

親称	du（君）	ihr（君たち）
敬称	Sie（あなた）	Sie（あなたがた）

親称は友人同士や家族間・夫婦間で用いられ、敬称は他人に対して用いられます。大人がよその子供に呼びかける時も、親称を用います。敬称の Sie（あなた、あなたがた）は、文中でも大文字で始めます。また、名詞はすべて文中でも大文字で始めます。

※ドイツ語では疑問文は英語と違って、すべて「動詞＋主語」となります。英語の Do ～？のような形にはなりません。

▶ あなたはどこへ行かれますか？

Wohin gehen Sie?
ヴォーヒン ゲーエン ズィー

Where do you go? 〈英語〉

das は、定冠詞（英語の the）として用いられるほかに、指示代名詞としても用いられます。

▶ これは何ですか？

Was ist das?
ヴァス イスト ダス

What is this? 〈英語〉

▶ これは鉛筆です。

Das ist ein Bleistift.
ダス イスト アイン ブライシュティフト

This is a pencil. 〈英語〉

Section 3 「私は～を持っています」

CD 5　　　　haben（英語の have）

❰ haben（～を持つ）は sein（～である）と共に重要な動詞です ❱

　人称代名詞の発音を覚えましたか？　ここでは動詞 haben だけにカナを振ります。

	単数	複数
1人称	ich habe ハーベ	wir haben ハーベン
2人称 （親称）	du hast ハスト	ihr habt ハープト
3人称	er sie ｝ hat es　　ハット	sie haben ハーベン
2人称 （敬称）	Sie haben ハーベン	Sie haben ハーベン

※2人称には、親称と敬称があります。

▶ 彼女は一匹の猫を持っている。

Sie hat eine Katze.
ズィー ハット アイネ カッツェ

She has a cat. 〈英語〉

▶ シングルの部屋はありますか？

Haben Sie ein Einzelzimmer? 〔ホテルで〕
ハーベン ズィー アイン アインツェルツィンマァ

Do you have a single room? 〈英語〉

上の2つの文を、訳せますか？　前のページを参照すればわかるように、Sie hat 〜は「彼女は〜を持つ」、Haben Sie 〜 ? は「あなた・あなたがたは〜？」の2つに訳せます。

しかし、ホテルで「シングルの部屋はありますか？」と言っている2つめの文は、「あなたは持っていますか？」です。「1人対1人」の会話であることが状況でわかります。

前に説明したように、Haben Sie 〜 ? の Sie は、文中でも大文字で始まります。

▶ 私は空腹だ。

Ich habe Hunger.
イッヒ ハーベ フンガァ

I am hungry. 〈英語〉

Section 4 「～します」
動詞の人称変化

CD 6

　これまでに動詞の sein と haben の人称変化を学びました。この２つは不規則動詞です。
　しかし、大部分の動詞は規則動詞で、次に挙げる lernen［レルネン］（学ぶ）に代表される規則変化をします。

	単数
１人称	ich lerne （私は・学ぶ） レルネ
２人称 （親称）	du lernst （君は・学ぶ） レルンスト
３人称	er〔sie・es〕lernt （彼〔彼女・それ〕は・学ぶ） レルント

　語尾は上と同じでも、語幹が変化する不規則動詞があります。次の（1）と（2）の型です。

(1) ウムラウト型動詞

	親称2人称単数	3人称単数
schlafen（眠る） シュラーフェン	du schläfst シュレーフスト	er schläft シュレーフト

　ほかに fahren［ファーレン］（乗り物で行く）、fallen［ファレン］（落ちる）、backen［バッケン］（パンを焼く）があります。

(2) 「e→i」型と「e→ie」型

	親称2人称単数	3人称単数
sprechen（話す） シュプレッヒェン	du sprichst シュプリヒスト	er spricht シュプリヒト
sehen（見る） ゼーエン	du siehst ズィースト	er sieht ズィート

　ほかには geben［ゲーベン］（与える）、essen［エッセン］（食べる）、lesen［レーゼン］（読む）があります。

※不規則動詞の人称変化は、巻末の「不規則動詞の変化表」に載っています。

	複数
1人称	wir lernen （私たちは・学ぶ） レルネン
2人称 （親称）	ihr lernt （君たちは・学ぶ） レルント
3人称	sie lernen （彼〔彼女・それ〕らは・学ぶ） レルネン

英語の you が、「君・君たち」、「あなた・あなたがた」に分かれます。「あなた（がた）」の Sie は、大文字の S で始まり、文中でも Sie です。

2人称 （敬称）	Sie lernen $\begin{cases} \text{あなたは・学ぶ 〔単数〕} \\ \text{あなたがたは・学ぶ 〔複数〕} \end{cases}$ レルネン

2人称（敬称）の Sie は、3人称複数の sie と同じ形の lern-en をとります。

よく使われる動詞

	Ich（私は〜）	Sie（あなたは〜）
愛する	liebe ［リーベ］	lieben ［リーベン］
言う	sage ［ザーゲ］	sagen ［ザーゲン］
行く	gehe ［ゲーエ］	gehen ［ゲーエン］
思う	denke ［デンケ］	denken ［デンケン］
買う	kaufe ［カウフェ］	kaufen ［カウフェン］
書く	schreibe ［シュライベ］	schreiben ［シュライベン］
する	tue ［トゥーエ］	tun ［トゥーン］
読む	lese ［レーゼ］	lesen ［レーゼン］
食べる	esse ［エッセ］	essen ［エッセン］

Section 5 「〜しなさい」「〜してください」

CD 7　　　　　　　　命令形

● du と ihr への命令（〜しなさい）
　Sie への命令（〜してください）

　4課で lernen（学ぶ・規則動詞）と sprechen（話す・不規則動詞）を学びました。sprechen は親称2人称において sprichst と、変則でした。

　du への命令形は、sprichst の -st を除いて、用いられます。

	du に	ihr に	Sie に
学ぶ	Lerne! レルネ	Lernt! レルント	Lernen Sie! レルネン　ズィー
話す	Sprich! シュプリッヒ	Sprecht! シュプレッヒト	Sprechen Sie! シュプレッヒェンズィー
ある	Sei! ザイ	Seid! サイト	Seien Sie! ザイエン　ズィー

　Sie への命令では、英語の場合と異なり、主語の Sie が命令動詞のあとに置かれます。

Section 6 「～しません」「～しますか？」

CD 8 　否定文と疑問文

否定は nicht で

▶ 私は日本人ではありません。

Ich bin nicht Japaner.
イッヒ　ビン　ニヒト　ヤパーナァ

▶ 私は気分が良くありません。

Ich fühle mich nicht wohl.
イッヒ　フューレ　ミッヒ　ニヒト　ヴォール

疑問は「(疑問詞または助動詞＋) 動詞＋主語～」で

▶ 部屋はありますか？〔ホテルで〕

Haben Sie ein Zimmer?
ハーベン　ズィー　アイン　ツィンマァ

▶ この通りは何と言うのですか？

Wie heißt diese Straße ?
ヴィー　ハイスト　ディーゼ　シュトラーセェ

▶ あなたはドイツ語が話せますか？

Können Sie Deutsch sprechen?
ケンネン　ズィー　ドイッチ　シュプレッヒェン

▶ あれはあなたのお父さんですか？

Ist das Ihr Vater?
イスト ダス　イア ファータァ

――はい、彼〔あれ〕は私の父です。

Ja, das ist mein Vater.
ヤー　ダス イスト マイン　ファータァ

――いいえ、彼〔あれ〕は私の父ではありません。

Nein, das ist nicht mein Vater.
ナイン　ダス イスト ニヒト　マイン ファータァ

▶ ドイツにはどれくらい滞在しますか？

Wie lange bleiben Sie in Deutschland?
ヴィー　ランゲ　ブライベン ズィー イン　ドイッチラント

――3週間です。

Drei Wochen.
ドライ　ヴォッヘン

Section 7 「〜は」「〜の」「〜に」「〜を」

CD 9 名詞と冠詞の格変化

ドイツ語は名詞・冠詞・形容詞が格変化します

冠詞の語尾が、名詞が何格であるかを示します。

	男性	女性	中性
〜は 〔1格〕	ein Vater アイン	eine 〜 アイネ	ein 〜 アイン
〜の 〔2格〕	eines Vaters アイネス	einer 〜 アイナァ	eines 〜 アイネス
〜に 〔3格〕	einem Vater アイネム	einer 〜 アイナァ	einem 〜 アイネム
〜を 〔4格〕	einen Vater アイネン	eine 〜 アイネ	ein 〜 アイン

Mutter〔女性〕と Kind〔中性〕に上の不定冠詞をつけて、格変化を口に出して言ってみましょう。

次は定冠詞の格変化です。

	男性	女性	中性	複数
〜は〔1格〕	der Vater デア	die 〜 ディー	das 〜 ダス	die 〜 ディー
〜の〔2格〕	des Vaters デス	der 〜 デア	des 〜 デス	der 〜 デア
〜に〔3格〕	dem Vater デム	der 〜 デア	dem 〜 デム	den 〜 デン
〜を〔4格〕	den Vater デン	die 〜 ディー	das 〜 ダス	die 〜 ディー

Vater の複数は Väter です。

Mutter と Kind に上の定冠詞をつけて、4格変化させてみましょう。

▶ 子供が母親に1通の手紙を書く。
　Ein Kind schreibt der Mutter einen Brief.
　アイン　キント　シュライプト　デア　ムッタァ　アイネン　ブリーフ

上は Kind（子供）が1格、Mutter（母）が3格、Brief（手紙）が4格です。

Section 8 「良いワイン」

形容詞の変化

名詞の前にくる形容詞には「性」と「数」があります

Er ist gut.（彼は善良です）の gut〔形容詞〕（英語の good）は、語尾がつきません。しかし、名詞の前にくると、性・数を持ちます。

単数名詞を男性・女性・中性の順に挙げると、

| guter Wein | gute Milch | gutes Kind |
| (良いワイン) | (良い牛乳) | (良い子供) |

guter Wein に定冠詞をつけると、「guter → gute」の変化が起こります。

der gute Wein （その良いワイン）

定冠詞がない guter Wein では、形容詞が性・数を表す働きをするのです。性・数を表す変化を強変化、「定冠詞＋形容詞＋名詞」の形容詞変化を弱変化と呼びます。

「冠詞＋形容詞＋名詞」の格変化

〈形容詞の弱変化〉（定冠詞＋形容詞＋名詞）

	男性	女性
1格	der gute　　Mann	die gute　　Frau
2格	des guten　　Mannes	der guten　　Frau
3格	dem guten　Mann	der guten　　Frau
4格	den guten　　Mann	die gute　　Frau

〈形容詞の強変化〉（形容詞＋名詞）

	男性	女性
1格	guter　　Mann	gute　　Frau
2格	guten　　Mannes	guter　　Frau
3格	gutem　Mann	guter　　Frau
4格	guten　　Mann	gute　　Frau

〈形容詞の混合変化〉（不定冠詞＋形容詞＋名詞）

	男性	女性
1格	ein　　　guter　　Mann	eine　　gute　　Frau
2格	eines　　guten　　Mannes	einer　　guten　Frau
3格	einem　　guten　　Mann	einer　　guten　Frau
4格	einen　　guten　　Mann	eine　　gute　　Frau

Kapitel 2 基本文法

中性	複数（共通）
das gute Kind	die guten Männer
des guten Kindes	der guten Männer
dem guten Kind	den guten Männern
das gute Kind	die guten Männer

中性	複数（共通）
gutes Kind	gute Männer
guten Kindes	guter Männer
gutem Kind	guten Männern
gutes Kind	gute Männer

中性	複数（共通）
ein gutes Kind	meine guten Kinder
eines guten Kindes	meiner guten Kinder
einem guten Kind	meinen guten Kindern
ein gutes Kind	meine guten Kinder

Section 9 「私は」「私の」「私に」「私を」

CD 11

人称代名詞の格変化

	〜は	〜の	〜に	〜を
1人称単数	ich イッヒ	meiner マイナァ	mir ミア	mich ミッヒ
2人称単数	du ドゥー	deiner ダイナァ	dir ディア	dich ディッヒ
	Sie ズィー	Ihrer イーラー	Ihnen イーネン	Sie ズィー
3人称単数	er エア	seiner ザイナァ	ihm イーム	ihn イーン
	sie ズィー	ihrer イーラー	ihr イーア	sie ズィー
	es エス	seiner ザイナァ	ihm イーム	es エス

	〜は	〜の	〜に	〜を
1人称複数	wir ヴィー	unser ウンザァ	uns ウンス	uns ウンス
2人称複数	ihr イーア	euer オイヤァ	euch オイヒ	euch オイヒ
	Sie ズィー	Ihrer イーラー	Ihnen イーネン	Sie ズィー
3人称複数	sie ズィー	ihrer イーラー	ihnen イーネン	sie ズィー

meiner にあたる英語はありません。これは「私の本」という時（mein Buch）の所有形容詞とは違い、「私の父の本」という時（das Buch meiner Vaters）の格変化です。

3人称の1格・3格・4格は、定冠詞と対比して覚えましょう。

er	(der)	sie	(die)	es	(das)	sie	(die)
ihm	(dem)	ihr	(der)	ihm	(dem)	ihnen	(den)
ihn	(den)	sie	(die)	es	(das)	sie	(die)

▶ ご機嫌いかがですか？〔あいさつ〕

Wie geht es Ihnen?
ヴィー ゲート エス イーネン

gehen は「行く」のほかに、「（体の具合が）〜である」も意味します。日本語に訳さない es（英語の it）が gehen の主語になります。体の状態や仕事の成り行きを指します。

▶ 我、君を愛す。

Ich liebe dich.
イッヒ リーベ ディッヒ

▶ 私は彼女に腕輪を与える。

Ich gebe ihr ein Armband.
イッヒ ゲーベ イア アイン アァムバント

▶ そこに万年筆がある。それは私に所属している。
私はそれを君に与える。

Da liegt ein Füller. Er gehört mir. Ich gebe ihn dir.
ダァ リークトアイン フュラァ　エア ゲヘールト　ミア　イッヒ ゲーベ イーン ディーァ

　Er・ihn は、Füller（万年筆）〔男性単数〕を指して使われています。英語のように「それ」（ドイツ語では es）は用いず、このように性を合わせて er・ihn を用います。

Section 10 「～しました」

過去形

規則動詞の変化

	不定詞	過去形	過去分詞
生きる	leben レーベン	lebte レープテ	gelebt ゲレープト
働く	arbeiten アァバイテン	arbeitete アァバイテテ	gearbeitet ゲアァバイテット

不規則動詞の変化

	不定詞	過去形	過去分詞
来る	kommen コンメン	kam カーム	gekommen ゲコンメン
行く	gehen ゲーエン	ging ギング	gegangen ゲガンゲン

現在形動詞では「ich spreche → du sprichst」という不規則変化が見られ、過去形でも「来る」「行く」のような不規則変化が見られます。

ge がつかない過去分詞

-ieren の語尾で終わる動詞は、過去分詞のアタマに ge がつきません。アクセントのない前つづりの動詞（be・ver）も同様です。

	不定詞	過去形	過去分詞
勉強する	studieren シュトゥディーレン	studierte シュトゥディルテ	studiert シュトゥディアト
訪問する	besuchen ベズーヘン	besuchte ベズーフテ	besucht ベズーフト
理解する	verstehen フェアシュテーエン	verstand フェアシュタント	verstanden フェアシュタンデン

過去形の人称変化

規則変化の「学ぶ」と不規則変化の「来る」「持つ」「〜である」の過去形の変化を挙げます。

		学ぶ	来る	持つ	〜である
単数	ich	lernte レルンテ	kam カーム	hatte ハッテ	war ヴァール
単数	du	lerntest レルンテスト	kamst カムスト	hattest ハッテスト	warst ヴァルスト
単数	er	lernte レルンテ	kam カム	hatte ハッテ	war ヴァール
複数	wir	lernten レルンテン	kamen カーメン	hatten ハッテン	waren ヴァーレン
複数	ihr	lerntet レルンテット	kamt カムト	hattet ハッテット	wart ヴァルト
複数	sie	lernten レルンテン	kamen カーメン	hatten ハッテン	waren ヴァーレン

▶ 昨日はとても寒かったです。

Gestern war es sehr kalt.
ゲスタァン　ヴァール エス　ゼーア　カルト

▶ 庭で鳥が鳴いていました。

Die Vögel sangen im Garten.
ディー フェーゲル　ザンゲン　イム　ガールテン

▶ 生徒たちが先生に質問し、先生が彼らに答えました。

Die Schüler fragten den Lehrer, und der Lehrer
ディー　シューラァ　フラークテン　デン　　レーラァ　　　ウント デァ　　レーラァ
antwortete ihnen.
アントヴォルテテ　イーネン

Section 11 「～になる」「～になるでしょう」「～される」

CD 13 werden（なる・未来・受動態）

英語の become・get の意味を持つ werden

▶ 彼は医者になる。

Er wird Arzt.
エア ヴィルト アールット

He will become a doctor. 〈英語〉

ドイツ語には、現在形で未来のことを言う習慣があります。

	単数 〈英語〉	複数 〈英語〉
1人称	ich werde　I will イッヒ ヴェルデ	wir werden　we will ヴィーア ヴェーァデン
2人称	du wirst　you will ドゥ ヴィルスト	ihr werdet　you will イーア ヴェルデット
3人称	er wird　he will エア ヴィルト	sie werden　they will ズィー ヴェーァデン

英語の shall・will（未来）の意味をもつ werden

▶ 彼は医者になるだろう。

Er wird Arzt werden.
エァ ヴィルト アールット ヴェーァデン

He is going to become a doctor. 〈英語〉

受動態に用いられる werden

▶ 父が息子を起こす。 〔能動態〕

Der Vater weckt den Sohn.
デア ファータァ ヴェックト デン ゾーン

→ 息子は父によって起こされる。 〔受動態〕

Der Sohn wird von dem Vater geweckt.
デア ゾーン ヴィルト フォン デム ファータァ ゲヴェックト

「起こされる」に英語では be 動詞が用いられますが、ドイツ語はすべて sein でなく、werden が用いられます。

受動態を作る「werden ＋過去分詞」の過去分詞は、文末へ来ます。

「父によって（起こされる）」は、「父」が von dem Vater と 3 格になります。

Kapitel 2 基本文法

「される」ではなく「なっている」（状態）を表す時は、ドイツ語でも sein が用いられます。

▶ 富士山の頂上が雪でおおわれている。

Der Gipfel des Fuji ist mit Schnee bedeckt.
デア ギプフェル デス フジ イストミット シュネー ベデックト

The top of Mt. Fuji is covered with snow. 〈英語〉

Section 12 「～できる」「～してもよい」

CD 14　　　　話法の助動詞

◉ 動詞と結びついて可能性・必然性を表現します

　英語の can や may などの助動詞を、ドイツ語では話者の気持ちを表現することから、話法すなわち会話の助動詞と呼ぶ習慣があります。

ドイツ語	英語
können［ケンネン］	can
dürfen［デュルフェン］	may
müssen［ミュッセン］	must
mögen［メーゲン］	may
wollen［ヴォレン］	will
sollen［ゾレン］	should

Ich・Er（私・彼）{ kann / darf / muß / mag / will / soll }

▶　私はドイツ語を話すことができる。

　Ich kann Deutsch sprechen.
　イッヒ　カン　　ドイッチ　シュプレッヒェン

▶ 私たちは正直であるべきだ。〔倫理〕

Wir sollen ehrlich sein.
ヴィーア ゾレン エーァリヒ ザイン

接続法の mögen

「動詞＋主語」というように倒置形にし、動詞を「接続法第Ⅰ式」にすると、「～が～でありますように」という祈願文ができます。

▶ 今年があなたにとって良い年でありますように。

Möge das neue Jahr Ihnen Glück bringen!
メーゲ ダス ノイエ ヤール イーネン グリュック ブリンゲン

接続法とは、接続詞 das（～ということ）につなげる文という意味ですが、「そうあって欲しいこと、不確かなこと」を述べる「接続法第Ⅱ式」という形があります。これは動詞を過去形にし、そしてさらにスペルを変える形ですが、日常生活で次のように頻繁に使われます。

mögen（英語の may）の Ich mag〔現在〕の過去形が、Ich mochte、それの接続法第Ⅱ式が Ich möchte です。

接続法は日常会話で遠慮した言い方として使われます。

▶ バスつきの部屋をお願いしたいのですが。

Ich möchte ein Zimmer mit Bad.
イッヒ メヒテ アイン ツィンマァ ミット バート

Section 13 「私の」「あなたの」

所有形容詞

英語の my・your は mein・Ihr です。4格変化します。

下の所有形容詞は、ein と同じ変化をします。

単数形	複数形
〈英語〉 mein ［マイン］　my	〈英語〉 unser ［ウンザァ］　our
dein ［ダイン］　your	euer ［オイヤァ］　your
sein ［ザイン］　his ihr ［イーァ］　her sein ［ザイン］　its	ihr ［イーァ］　their
Ihr ［イーァ］　your	

　所有形容詞の4格変化の語尾は、ein・kein［カイン］（～がない）と同じです。kein は否定冠詞と呼ばれます。

Kapitel 2 基本文法

〈所有形容詞（mein 私の）の変化〉

	単数			複数
	男性	女性	中性	3性（共通）
1格	mein マイン	meine マイネ	mein マイン	meine マイネ
2格	meines マイネス	meiner マイナァ	meines マイネス	meiner マイナァ
3格	meinem マイネム	meiner マイナァ	meinem マイネム	meinen マイネン
4格	meinen マイネン	meine マイネ	mein マイン	meine マイネ

13 「私の」「あなたの」

49

▶ 私の部屋にタオルがありません。

In meinem Zimmer sind keine Handtücher.
イン　マイネム　　ツィンマァ　ズィント　カイネ　ハントテューヒァァ

▶ あなたの息子さんは今でもアメリカで勉強されていますか？

Studiert　Ihr Sohn immer noch in Amerika?
シュトディーアト イーァ ゾーン　インマァ　ノッホ イン ナ・メーリカァ

▶ 奥様にくれぐれもよろしく！

Grüßen Sie bitte Ihre Frau bestens von mir!
グリューセン ズィー ビッテ イーレ　フラウ　ベステンス　フォン ミーア

Section 14 「この」「あの」「そんな」

CD 16　定冠詞と同じ格変化をする語

der・des・dem・den と同じ格変化をする語

dieser	［ディーザァ］	この
jener	［イェーナァ］	あの
solcher	［ゾルヒャァ］	そんな
mancher	［マンヒャァ］	多くの
welcher	［ヴェルヒャァ］	どの
aller	［アラァ］	すべての
jeder	［イェーダァ］	どの〜も

※男性単数形です。

	単数			複数
	男性	女性	中性	3性（共通）
1格	dieser ディーザァ	diese ディーゼ	dieses ディーゼス	diese ディーゼ
2格	dieses ディーゼス	dieser ディーザァ	dieses ディーゼス	dieser ディーザァ
3格	diesem ディーゼム	dieser ディーザァ	diesem ディーゼム	diesen ディーゼン
4格	diesen ディーゼン	diese ディーゼ	dieses ディーゼス	diese ディーゼ

　dieser は英語の this（この）、jener は that（あの）、solcher は such（そんな）です。

Section 15　zu dem が zum に

前置詞・定冠詞の結合

動詞の werden がある文を、下に挙げます。

▶　子供は大人になるものである。

Das Kind wird zum Manne.
　ダス　キント　ヴィルト　ツム　マンネ

zum Manne（大人に）の zum は、前置詞 zu と定冠詞 dem とが結合したものです。前置詞と定冠詞の結合という現象が、必ず次のように生じます。

〈前置詞と定冠詞の結合〉

・in das	→	ins
・an das	→	ans
・auf das	→	aufs
・bei dem	→	beim
・von dem	→	vom
・zu dem	→	zum

in（〜の中に）、an（〜に）、auf（〜の上に）、bei（〜のそばに）、von（〜の、〜から）、zu（〜へ）

▶ この近くにレストランはありますか？

Gibt es ein Restaurant hier in der Nähe?
ギブト エス アイン　　レストラン　　ヒァ イン デア　ネーエ

「近辺」〔名詞〕の die Nähe〔女性単数1格〕が、3格に変化していますが、in der は結合しません。

die は die（〜は）〔1格〕・der（〜の）〔2格〕・der（〜に）〔3格〕・die（〜を）〔4格〕と変化し、in という前置詞に支配されて3格になります。

「格支配」には、次の4つの場合があります。

3格	aus（out of）
	bei（at、with）
	mit（with）
	von（of、from）
	zu（to）
	nach（after、according to）
	seit（since）
	gegenüber（opposite）

4格
durch（through）
für（for）
um（around）
gegen（against）
ohne（without）
bis（till）

3・4格
auf（on）
unter（under）
an（at）
neben（beside）
hinter（behind）
vor（before）
zwischen（between）
über（over）
in（in）

2格
der Regen〔1格〕→ des Regens〔2格〕

〈例〉
▶ 雨にも関わらず彼らはフットボールをしている。

Trotz des Regens spielen sie Fußball.
トゥロッツ デス レーゲンス シュピーレン ズィー フースバル

Section 16 「～してしまいました」

CD 18　　　　　　　現在完了形

　英語と同じ意味で現在完了形を用いるほかに、日常会話で多くこの形を用います。
　「場所の移動」と「状態の変化」を述べる時は、haben ではなく「sein ＋過去分詞」の形が用いられます。

(a) 場所の移動
　　fahren［ファーレン］　車で行く
　　fallen［ファレン］　落ちる
　　gehen［ゲーエン］　行く

(b) 状態の変化
　　aufstehen［アウフシュテーエン］　起きる
　　einschlafen［アインシラーフェン］　眠り込む
　　erwachen［エアヴァッヘン］　目ざめる
　　geschehen［ゲシェーエン］　起こる

▶ パスポートをなくしました。

　Ich habe meinen Paß verloren.
　<small>イッヒ　ハーベ　　マイネン　　パス　フェアローレン</small>

　(「失う」は verlieren)

▶ 階段から落ちました。

　Ich bin die Treppe hinuntergefallen.
　<small>イッヒ　ビン　ディー トゥレッペ　　ヒンヌンタァゲファレン</small>

　(hinunter は「下へ」、fallen は「落ちる」)

▶ 君はパリに行ったことがあるの？

　Bist du schon einmal in Paris gewesen?
　<small>ビスト ドゥー　ショーン　アインマール イン　パリス　　ゲヴェーゼン</small>

▶ 昨日、私は古本探しに出かけました。

　Gestern bin ich nach alten Büchern suchen gegangen.
　<small>ゲスタァン　ビン イッヒ　ナハ　アルテン ビューヒャァン　ズーヘン　　ゲガンゲン</small>

▶ フォークを落としてしまいました。
　別のを持って来てください。

　Meine Gabel ist hinuntergefallen.
　<small>マイネ　　ガーベル イスト　ヒンヌンタァゲファレン</small>

　Bringen Sie mir bitte eine andere.
　<small>ブリンゲン ズィー ミーァ ビッテ　アイネ　　アンデレ</small>

▶ 私の娘がいなくなりました。

　Ich habe meine Tochter verloren.
　<small>イッヒ　ハーベ　　マイネ　　トホタァ　フェアローレン</small>

Section 17　aufstehen が stehen 〜 auf に

CD 19　　　　　　　　分離動詞

　aufstehen（起きる）のように、アクセントが前つづりにあるものは、文の中で auf が分離して文末へ行きます。verstehen（理解する）のように後つづりにアクセントがあるものは、分離しません。

▶ 当時、私はたいへん早く起きた。
　Damals stand ich sehr früh auf.　〔過去〕
　ダーマルス シユタント イッヒ ゼーア フリュー アウフ

▶ 私は明日、出発します。
　Ich fahre morgen ab.
　イッヒ ファーレ　モルゲン　アップ

▶ 列車は今、ボンに到着します。
　Der Zug kommt jetzt in Bonn an.
　デァ ツーク　コムト　イェッツト イン　ボン　アン

　abfahren は「出発する」、ankommen は「到着する」です。

Section 18 「私は私を座らせる」が「私は座る」に

CD 20 　　　　　　　　再帰動詞

　Ich freue mich（私は私を喜ばせる→私は喜ぶ）になる形を、再帰動詞と呼びます。

　「再帰」とは、動作が他に及ばず再び主語に帰るという意味です。

- ich - mich
  ミッヒ
- du - dich
  ディッヒ
- er - sich
  ズィッヒ
- wir - uns
  ウンス
- ihr - euch
  オイヒ
- sie - sich
  ズィッヒ
- Sie - sich
  ズィッヒ

▶ 私は正確にはもう思い出せません。

Ich kann mich nicht mehr genau erinnern.
イッヒ　カン　ミッヒ　ニヒト　メーア　ゲナウ　エァインネアン

I can no more recall exactly. 〈英語〉

▶ 母はソファに座りました。

Die Mutter setzte sich auf das Sofa.
ディー　ムッタァ　ゼッツテ ズィッヒ アウフ ダス ゾーファ

The mother settled herself on the sofa. 〈英語〉

Section 19 英語とドイツ語

CD 21

ドイツ語の特徴

　ドイツ語が英語と最も異なるのは、名詞が格変化をする点です。格変化があるために、英語のように of や in といった前置詞を必要としません。

▶　オウムは人間の言葉をしゃべります。
　Der Papagei spricht die Sprache des Menschen.
　デア　　パパガイ　シュプリヒト ディー シュプラーヘ デス　　メンシェン
　The parrot speaks the speech of the man. 〈英語〉

　英語の of the man が des Menschen となって、定冠詞が名詞を結びつけます。
　「人間は」が der Mensch、「人間の」が des Menschen、「人間に」が dem Menschen、「人間を」が den Menschen。
　Mensch の語尾は変わるし、der（英語の the）が「デア・デス・デム・デン」と変わるしで、初めて学ぶ人がとまどうのも当然です。
　この変化はラテン語にあり、ロシア語もあり、そしてドイツ語に近いオランダ語は、「〜の」という時に格変化をします。

Kapitel 2　基本文法

ロシア語は、отец「父は」が「父の」・「父に」・「父を」・「父で」・「父」と6格に変化します。名詞自体が変わります。

そう考えると、ドイツ語は冠詞の働きで4格に変化するだけですから、むしろやさしいと言えるかもしれません。

ドイツ語の名詞の格変化

Vater［ファータァ］（父）は、der・des・dem・den（が・の・に・を）の定冠詞、または不定冠詞によって、格変化をします。

「父に」はdem Vater、「私の父に」はmeinem Vaterで、mein（英語のmy）が格変化します。

▶　私は父に1通の手紙を書く。
　　Ich schreibe meinem Vater einen Brief.
　　イッヒ　シュライベ　　マイネム　ファータァ　アイネン　ブリーフ

英語ではI write a letter to my father. と語順が変わります。「冠詞＋名詞」が格変化するので、英語のtoにあたる前置詞が要らないのです。逆に言えば、ラテン語がもとでできたフランス語やスペイン語やイタリア語は、前置詞を発明することによって格変化を捨てたのです。

ドイツ語では名詞・冠詞・形容詞が格変化します。しかしこの点を除けば、英語に非常に似た言葉です。

英語・ドイツ語に見る、似た表現

　英語とドイツ語が似ているということは、文の構造が似ていることを意味します。

　単語では、Vater（父）は英語の father（父）に似ていますが、「私」（Ich と I）、「書く」（schreiben と write）、「手紙」（Brief と letter）と、あまり似ていません。

▶　私はドイツ語をうまく話すことができません。
　　Ich kann nicht gut Deutsch sprechen.
　　イッヒ　カン　ニヒト　グート　ドイッチ　シュプレッヒェン
　　I cannot speak German well. 〈英語〉

　ドイツ語の不定詞（英語の「原形」）が文末に来るほかは、英語にかなり似ています。

　次の文になると、もっとよく似ています。

▶　私はドイツ語を話す。
　　Ich spreche Deutsch.
　　イッヒ　シュプレッヒェ　ドイッチ
　　I speak German. 〈英語〉

「ドイツ語を話すことができる」は、

▶ 私はドイツ語を話すことができます。
　Ich kann Deutsch sprechen.
　イッヒ　カン　　ドイチ　　シュプレッヒェン

というように、英語の I can speak German. の speak が文末に来ます。

次は、疑問詞で始まる表現です。

▶ 今日はお天気はどうですか？
　Wie ist das Wetter heute?
　ヴィー イスト ダス　ヴェタァ　ホイテ
　How is the weather today? 〈英語〉

▶ これは何ですか？
　Was ist das?
　ヴァス イスト ダス
　What is this? 〈英語〉

　Wie（英語の How）は疑問副詞、Was（英語の What）は疑問代名詞です。
　この章には定冠詞（英語の the）が、いくつか出てきました。単数の男性名詞には der が、女性名詞には die が、中性名詞には das が、複数名詞には die が共通してつきます。

- der Papagei（オウム）
- die Sprache（言葉は）→ die Sprache（言葉を）
- der Vater（父は）→ dem Vater（父に）

これらは今までに出てきた「定冠詞＋名詞」です。

Was ist das?（これは何ですか？）のdasは指示代名詞であって、単数中性の定冠詞とは違います。つづりは同じですが。

- 窓を開けていただけますか？
  Können Sie bitte das Fenster öffnen?
  ケンネン　ズィー　ビッテ　ダス　フェンスタァ　エフネン

Können Sie? は英語の Can you?、bitte は英語の please、das Fenster は英語の the window で４格（〜を）、öffnen は英語の open です。öffnen の ö は、［オ］の口つきで e ［エ］と発音します。

「～である」動詞と「持つ」動詞と「なる」動詞

ドイツ語の動詞では、辞典に載っている、人称変化以前の形、すなわち不定法（英語の原形）は、語尾がすべて -en または -n で終わります。

sein［ザイン］（～である）、haben［ハーベン］（持つ）、そして werden［ヴェーアデン］（～になる）が、重要な動詞です。

この3つの動詞の人称変化と用いられ方を、いくつか見ていきます。

〈sein（～である）〉　　（英語の be 動詞）

- 私は若い。

  Ich bin jung.
  イッヒ ビン ユング

  I am young.

- 君は病気だ。

  Du bist krank.
  ドゥー ビスト クランク

  You are sick.

- 彼は頭がいい。

  Er ist intelligent.
  エア イスト インテリゲント

  He is intelligent.

〈haben（〜を持つ）〉　　　　（英語の have）

- 私は自動車を持っている。
  Ich habe ein Auto.　　　I have a car.
  イッヒ　ハーベ　アインアウトー

- 私たちはお金がたくさんある。
  Wir haben viel Geld.　　We have much money.
  ヴィーア　ハーベン　フィール　ゲルト

- 彼女は熱が高い。
  Sie hat Fieber.　　　　She has a fever.
  ズィー　ハット フィーバァ

　haben は英語と同じく、過去分詞と組んで完了形を作ります。英語と異なる点は、「移動や状態の変化」を示す動詞は haben ではなく、sein と組んで完了形を作ることです。

66

Kapitel 2 基本文法

〈werden（～になる）〉　　（英語の become、will・shall、受動態）

• 彼は医師になる。
 Er wird Arzt.　　He becomes a doctor.
 エア ヴィルト アールツト

• 雨になるだろう。
 Es wird regnen.　　It will rain.
 エス ヴィルト レーグネン

• 彼は両親からほめられる。
 Er wird von den Eltern gelobt.
 エア ヴィルト フォン デン エルテルン ゲロープト

werden には3つの働きがあります。1つは英語の become（～になる）の意味、2つ目は未来形を表す英語の will・shall の働き（未来のほかに推量・主語の意志を表す働き）、3つ目が受動態を作る働きです。

Er wird Arzt は、英語の未来形とは根本的に異なります。時間上の未来にはこだわりません。

▶ 彼は医者になるだろう。
 Er wird Arzt werden.
 エア ヴィルト アールツト ヴェーアデン

 He will become a doctor. 〈英語〉

分離動詞と非分離動詞

ドイツ語の動詞の aufstehen［アウフシュテーエン］（起床する）は、auf（上へ）と stehen（立つ）とがくっついてできた動詞です。英語の get up にあたります。

このような、前つづり（auf）にアクセントがある動詞は、文の中で auf が stehen から分離し、文末に来ます。

▶ 彼女はいつも早く起床する。
　Sie steht immer früh auf.
　ズィー　シュテート　インマァ　フリュー　アウフ
　She always gets up early. 〈英語〉

前つづりにアクセントがある動詞でも、文中に別の動詞があれば分離しません。teilnehmen［タイルネーメン］（参加する）を用いた文を挙げます。

▶ 私はその集会に参加できなかった。
　Ich konnte an der Versammlung nicht teilnehmen.
　イッヒ　コンテ　アン　デア　フェアザンムルング　ニヒト　タイルネーメン
　I couldn't take part in the meeting. 〈英語〉

Kapitel 2 基本文法

◀ 再帰動詞 ▶

「私は→私を」は英語ではI→meですが、ドイツ語にもIch（私は）の直接目的であるmichがあります。英語と異なる点は、英語のme（私に・私を）mir［ミーア］（私に）とmich［ミッヒ］（私を）に分かれることです。

▶ 私は風邪をひいた。
　Ich habe mich erkältet.
　イッヒ　ハーベ　ミッヒ　エアケールテット
　I have caught a cold.　〈英語〉

上は現在完了の文章です。erkälten → erkälted〔過去分詞〕です。michは文の中で、英語のselfに似た意味を持ちます。erkälten（冷やす）mich（私を）が、「風邪をひく」の意味になります。

Kapitel 3
日常生活のやさしいフレーズ

　Kapitel 3は、ドイツ人とのあいさつや、趣味の話など、簡単な会話表現が自然に身につくことを目的としています。Kapitel 2で学んだ文法も、繰り返し説明していきます。
　日本語の例文を読んでみて、その6割をドイツ語で口に出して言えれば、もうあなたはドイツへ行っても大丈夫です。さあ、さっそくトライしましょう。

Section 1

あいさつ

● おはようございます。

Guten Morgen.
<u>グーテン</u>　<u>モールゲン</u>

> guten は英語の good、そして Morgen は英語の morning です。日の出から 11 時ごろまで使います。

● こんにちは。

Guten Tag.
<u>グーテン</u>　タ<u>ー</u>ク

> Tag は英語の day です。日没まで使います。

● ご気嫌いかがですか？

Wie geht es Ihnen?
ヴィー　ゲート　エス　イー<u>ネン</u>

> 単語を英語にそのまま置き換えると、How, goes, it, you です。Ihnen は Sie（あなた）の 3 格です。

● 元気？

Wie geht's?
ヴィー　<u>ゲ</u>ーツ

Kapitel 3 日常生活のやさしいフレーズ

> 友人同士のような親しい間柄で交わされる、省略された表現です。geht's は geht es です。

● こんばんは。
Guten Abend.
<u>グー</u>テン　<u>ア</u>ーベント

> Abend は英語の evening（夕方）です。日没後に使います。

● おやすみなさい。
Gute Nacht.
<u>グー</u>テ　<u>ナ</u>ハト

> これまでに挙げてきた「おはよう」「こんにちは」「こんばんは」は、そのあとに相手の名前をつけて言うこともあります。男性に Herr（英語の Mr.）、女性に Frau（英語の Mrs.）、未婚女性に Fräulein（英語の Miss）プラス名前をつけて言います。Gute Nacht. も同様です。

● さようなら。
Auf Wiedersehen.
<u>ア</u>ウフ　ヴィーダァ<u>ゼ</u>ーエン

> Wieder が「再び」、sehen が「会うこと」、そして auf（英語の on）は「～を」です。「望みます」が省略されています。

Section 2

お礼、おわび

CD 23

お礼

● ありがとう。

Danke.
ダンケ

● ありがとうございます！

Danke schön!
ダンケ　シェーン

> danke（← danken）は「感謝する」という動詞で、schön は「美しい」と「とても」の2つの意味があります。Vielen Dank! や Danke sehr! とも言います。

● どうもご親切に。

Sehr freundlich von Ihnen!
ゼーア　フロイントリヒ　フォン　イーネン

> 英語に置き換えると Very kind of you! となります。Ihnen は Sie（あなた）の変化です。

Kapitel 3　日常生活のやさしいフレーズ

おわび

● すみません。

Entschuldigung.
エントシュルディグング

「ごめんなさい」も同じです。Entschuldigung は「許し、おわび」です。

● ごめんなさい。

Entschuldigen Sie bitte!
エントシュルディゲン　ズィー　ビッテ

上の例文の Entschuldigung〔名詞〕を動詞にすると entschuldigen です。

● 本当に申し訳ありません。

Es tut mir wirklich leid.
エス トゥート ミーァ　ヴィアクリヒ　ライト

言葉通りに訳すと、「それは（Es）作用する（tut ← tun）私に（mir）本当に（wirklich）気の毒な（leid）」です。leid は leider として、「残念ながら、あいにく」の意味でよく使われます。

● 遅れてすみません。
Entschuldigen Sie die Verspätung.
エント<u>シュ</u>ルディゲン　ズィー ディー フェアシュ<u>ペ</u>ートゥング

> これは、文法的には Sie（あなた）に対する「命令法」です。英語と違って、「許してください（Entschuldigen）あなた（Sie）」というように、Sie（あなた）が入ります。Verspätung は「遅刻」、spät は「遅い」という形容詞です。

Section 3 返事

CD 24

● はい。／いいえ。

Ja. / Nein.
ヤー　ナイン

● どういたしまして。

Gern geschehen. / Bitte.
ゲルン　ゲシェーエン　　ビッテ

> Gern geschehen は「喜んで（受け入れます）、偶然に起こったことを」です。Bitte は「願い」、bitten が「願う」です。bitte は会話文中に挿入されます。

● なんでもありません。（いいんですよ。）

Das macht nichts.
ダス　マハト　ニヒツ

> 英語にあえて置き換えると This（It）makes nothing. で、「どうってことないから心配しないでください」の意味になります。

● そう思います。
Das glaube ich.
ダス　グラウベ　イッヒ

> Das は英語の this・that・it ですが、この場合は前の文の内容を指して、「そのことを」「あなたが言われたことを」と言っています。

● そうは思いません。
Das glaube ich nicht.
ダス　グラウベ　イッヒ　ニヒト

> 英語の I don't believe it. です。

● わかりません。
Ich weiß nicht.
イッヒ　ヴァイス　ニヒト

● いいえ、結構です。
Nein, danke.
ナイン　ダンケ

> 相手の申し出を断る時に、これを使います。

Section 4 気持ち

CD 25

● 私はうれしい。

Ich freue mich.
イッヒ　フロイエ　ミッヒ

> mich（← Ich）（私を）freue（喜ばす）という言い方を再帰動詞と言います。(「Kapitel 2　基本文法」を参照)

● すごい！

Toll!
トルゥ

> toll は「狂気の、狂暴な」〔形容詞〕です。

● まさか！

Nein nicht!
ナイン　ニヒト

● すばらしい！

Sehr schön!
ゼーァ　シェーン

- 興味深い。
    Interessant!
    インテレサント

- 気に入りました。
    Das gefällt mir.
    ダス　ゲフェルト　ミア

- 満足です。
    Ich bin zufrieden.
    イッヒ　ビン　ツーフリーデン

- 悲しい。
    Ich bin traurig.
    イッヒ　ビン　トラウリッヒ

- 不安です。
    Ich habe Angst.
    イッヒ　ハーベ　アングスト

- それは残念です。
    Das ist schade.
    ダス　イスト　シャーデ

● それはお気の毒に。

Das tut mir leid.
ダス トゥート ミア ライト

● 信じられない！

Unglaublich!
ウングラウブリヒ

Section 5

自分のこと

CD 26

● 私は佐藤京子と言います。

Ich heiße Kyoko Sato.
イッヒ　ハイセ　キョウコ　サトウ

● 私の名前は佐藤京子です。

Mein Name ist Kyoko Sato.
マイン　ナーメ　イスト　キョウコ　サトウ

● 私は日本人です。

Ich bin Japaner.
イッヒ　ビン　ヤパーナァ

● 私は学生です。

Ich bin Student. 〔男性〕
イッヒ　ビン　シュトゥデント

| 女性が言う場合は Studentin です。

● 私は公務員です。

Ich bin Beamter. 〔男性〕
イッヒ　ビン　ベアムター

| 女性が言う場合は Beamterin です。

Kapitel 3 日常生活のやさしいフレーズ

● 私は会社員です。
Ich bin Angestellter. 〔男性〕
イッヒ ビン アンゲシュテルター

| 女性が言う場合は Angestellterin です。

● 私はテニスが好きです。
Ich spiele gern Tennis.
イッヒ シュピーレ ゲルン テニス

| gern, gerne は「好んで」、spiele（← spielen）は「遊ぶ、競技する」（英語の play）で、文字通りには「私は好んでテニスをします」。

● 私はチョコレートが好きです。
Ich trinke Schokolade gern.
イッヒ トゥリンケ ショコラーデ ゲルン

| gern trinken（飲むのが好き←好んで飲む）、gern lesen（読むの〔読書〕が好き←好んで読む）。

● 私は文学に関心があります。
Ich habe Interesse an Literatur.
イッヒ ハーベ インテレッセ アン リテラトゥーァ

| Interesse は英語の interest で、habe は「持つ」動詞 haben の人称変化です。an は英語の on です。Literatur は英語の literature です。

● 私はドイツ語を話します。
Ich spreche Deutsch.
<u>イ</u>ッヒ シュプ<u>レッ</u>ヒェ　<u>ド</u>イッチ

>「君は話す」は Du sprichst（シュプリヒスト）と人称変化します。「e → i」型不規則動詞です。

● 私はドイツ語を話すことができます。
Ich kann Deutsch sprechen.
<u>イ</u>ッヒ　<u>カ</u>ン　　<u>ド</u>イッチ　　シュプ<u>レッ</u>ヒェン

> 英語で I can speak German. で、kann は können が不定詞です。

● 私はドイツ語を話せません。
Ich kann nicht Deutsch sprechen.
<u>イ</u>ッヒ　<u>カ</u>ン　ニヒト　<u>ド</u>イッチ　シュプ<u>レッ</u>ヒェン

> 英語で I can't speak German. です。

Section 6 相手にたずねる

CD 27

● あなたのお名前は何ですか？

Wie ist Ihr Name?
ヴィー イスト イア ナーメェ

> 「何ですか？」の日本語につられて、Was ist ～？と言わないように気をつけましょう。Ihr（← Sie）は所有形容詞です。

● あなたは何とおっしゃいますか？

Wie heißen Sie?
ヴィー ハイセン ズィー

> heißen は Ich heiße ～（私は～と言います）というように使われますが、Wie heißen ～？となると、上の文よりもそっけない言い方になります。

● どんな趣味をお持ちですか？

Was für einen Geschmack haben Sie?
ヴァスフューァアイネン ゲシュマック ハーベン ズィー

> 「何ですか？」は Was ～？で、「どんな～を、何の～を」は Was für ein ～？です。

85

● あなたのお誕生日はいつですか？

Wann haben Sie Geburtstag?
ヴァン　ハーベン　ズィー　ゲブールツターク

● お仕事は何をしていらっしゃいますか？

Was sind Sie von Beruf?
ヴァス ズィント ズィー フォン ベルーフ

> Was sind Sie?（あなたは何ですか？）には、職業（Beruf）を答えます。von〔前置詞〕は 3 格の名詞が次にきます〔3 格支配の前置詞〕。mit（～と共に）（英語の with）や、zu（～のところへ）（英語の to）も 3 格支配です。für（～に対して）（英語の for）は 4 格支配です。

● 私はデザイナーです。

Ich bin Musterzeichner.
イッヒ ビン　　ムスタァツァイヒナァ

> Muster は「図案、意匠」、Zeichner は「画家」、zeichen が「描く」です。

● あなたは学生ですか？

Sind Sie Student?
ズィント ズィー シュトゥデント

Kapitel 3 日常生活のやさしいフレーズ

● あなたは日本語を話しますか？

Sprechen Sie Japanisch?
シュプレッヒェン ズィー　ヤパーニッシ

> 「あなたは〜を話しますか？」は Sprechen Sie 〜 ? です。sprechen は不定詞と同じです。

● ハインリッヒは日本語を話しますか？

Spricht Heinrich Japanisch?
シュプリヒト　ハインリヒ　　ヤパーニッシ

> Heinrich spricht（ハインリッヒは話す）の疑問文は、上のように「動詞＋主語」で、Does he 〜 ? という言い方はありません。

● あなたはドイツ語が話せますか？

Können Sie Deutsch Sprechen?
ケンネン　　ズィー　　ドイッチ　　シュプレッヒェン

Section 7

時間、日

時間

● 何時ですか？

Wie spät ist es?
ヴィー シュペートイストエス

Wieviel Uhr ist es?
ヴィーフィール ウーア イスト エス

> 一つ目の例文の Wie は英語の How で、spät は英語の late です。ist es は英語の is it です。

● 今、3時です。

Es ist jetzt drei (Uhr).
エス イスト イェッツト ドゥライ ウーア

> 「今 (jetzt)・3〔時←時計〕(Uhr)・です (Es ist)」という言い方をします。

● 今、3時5分です。

Es ist jetzt drei Uhr fünf.
エス イスト イエッツト ドゥライ ウーア フュンフ

Kapitel 3 日常生活のやさしいフレーズ

● 彼は何時に来ますか？

Um wieviel Uhr kommt er?
ウム ヴィーフィール ウーァ コムト エァァ

> wieviel は英語の how many, how much です。um は前置詞で、「～時に、～頃に、～ために、～のまわりに」です。

● 私の時計は進んでいます。

Meine Uhr geht etwas vor.
マイネ ウーァ ゲート エトヴァス フォーァ

> 「私の」は性があり、単数が mein〔男性〕・meine〔女性〕・mein〔中性〕、複数が共通の meine です。Uhr（時計）は女性名詞です。
>
> gehen（← geht）には「行く」「歩く」「（機械や体の調子が）～である」の意味があります。etwas は「ある物、ある事、いくらか」です。vor は英語の before です。

● 私の時計は遅れています。

Meine Uhr geht etwas nach.
マイネ ウーァ ゲート エトヴァス ナーハ

> nach は英語の after です。

7 時間、日

日、曜日

● 今日は何日ですか？

Den wievielten haben wir heute?
デン　ヴィーフィールテン　ハーベン　ヴィア　ホイテ

● 今日は6月5日です。

Heute ist der fünfte Juni.
ホイテ　イスト　デア　フュンフテ　ユニ

● 今日は何曜日ですか？

Welcher Tag ist heute?
ヴェルヒャー　ターク　イスト　ホイテ

● 今日は金曜日です。

Heute ist Freitag.
ホイテ　イスト　フライターク

Section 8 誘う、すすめる

CD 29

誘う

● 食事に行きましょうか？

Gehen wir essen?
ゲーエン　ヴィア　エッセン

● 明日、一緒に食事に行きませんか？

Wollen wir morgen zusammen essenn?
ヴォーレン　ヴィア　モルゲン　ツザンメン　エッセン

> zusammen は「一緒に」です。

● 今夜、一緒に外出しませんか？

Gehen wir heute zusammen aus?
ゲーエン　ヴィア　ホイテ　ツザンメン　アウス

● 買い物に行きましょう。

Wollen wir einkaufen gehen?
ヴォレン　ヴィア　アインカウフェン　ゲーエン

> Gehen wir（行きましょう）のほかに、話法の助動詞の wollen（欲する）を用いて命令形（誘う）を作ることもあります。kaufen は「買う」で、einkaufen は「買い物をする」です。

● タクシーを拾いましょう。

Nehmen wir ein Taxi!
<u>ネーメン</u>　ヴィァ アイン <u>タクシィ</u>

> 英語の命令形の Give me ～（私に～をください）を、ドイツ語で Geben Sie mir ～ と言います。Sie を入れます。「私にあなた～ください」の感じです。
>
> 　Nehmen wir ～ は私たちに対する命令で、相手を勧誘する（誘う）意味になり、「私たちは～しようではありませんか」です。

すすめる

● 何かお飲みになりますか？

Möchten Sie etwas trinken?
メヒテン　ズィー　エトヴァス　トリンケン

● 食前酒はいかがですか？

Möchten Sie einen Aperifif?
メヒテン　ズィー　アイネン　アペリフィノ

● デザートはいかがですか？

Möchten Sie einen Nachtisch?
メヒテン　ズィー　アイネン　ナッハティッシュ

92

Section 9 希望、予定

希望

● お城を見学したいのですが。
Ich möchte das Schloss besichtigen.
イッヒ　メヒテ　ダス　シュロス　ベズィッヒティゲン

● 円をユーロに両替したいのですが。
Ich möchte Yen in Euro wechseln.
イッヒ　メヒテ　イェン　イン　オイロ　ヴェクセルン

● スケジュールを変更したいのですが。
Ich möchte mein Programm ändern.
イッヒ　メヒテ　マイン　プログラム　エンダーン

● バスつきの部屋をお願いしたいのですが。
Ich möchte ein Zimmer mit Bad.
イッヒ　メヒテ　アイン　ツィンマァ　ミット　バート

● あなたにとって良い年でありますように！〔新年〕
Möge das neue Jahr Ihnen Glück bringen!
メーゲ　ダス　ノイエ　ヤール　イーネン　グリュック　ブリンゲン

93

予定

- 私は明日、出発します。
  Ich fahre morgen ab.
  イッヒ ファーレ モルゲン アプ

- 私は明日、成田を出発します。
  Ich fliege morgen von Narita ab.
  イッヒ フリーゲ モルゲン フォン ナリタ アプ

- 来月、私はドイツへ行くつもりです。
  Nächsten Monat werde ich nach Deutschland fahren.
  ネーヒステン モーナット ヴェルデ イッヒ ナッハ ドイチュラント ファーレン

- 誰のところに住む予定ですか？
  Bei wem werden Sie wohnen?
  バイ ヴェム ヴェルデン ズィー ヴォーネン

- 伯父のところに住む予定です。
  Ich werde bei meinem Onkel wohnen.
  イッヒ ヴェルデ バイ マイネム オンケル ヴォーネン

Section 10

依頼する

～をください

● それ1つ、ください。

Das hier bitte.
ダス　ヒア　ビッテ

● これをください。

Das hier vorne bitte.
ダス　ヒア　フォルネ　ビッテ

● 1ユーロの切手を1枚ください。

Geben Sie mir bitte eine Briefmarke zu einem Euro!
ゲーベン　ズィー　ミア　ビッテ　アイネ　ブリーフマルケ　ツー　アイネム　オイロ

| Brief は「手紙」、Briefmarke は「郵便切手」です。

● 白ワインを1本ください。

Ich möchte gerne eine Flasche Weißwein.
イッヒ　メヒテ　ゲルネ　アイネ　フラッシェ　ヴァイスヴァイン

Geben Sie mir の代わりに、接続法第Ⅱ式を使って丁寧な表現をしています。gern・gerne（好んで、喜んで）は、「持ちたい→欲しい」(gern haben)、「したい」(gern tun) といった用いられ方をします。

● 靴下が欲しいです。

Ich möchte Socken haben.
イッヒ　メヒテ　ゾッケン　ハーベン

Socke〔複数形 Socken〕は、英語の socks に似ています。
~してください

～してください

● シガレット・ケースを見せてください。

Zeigen Sie mir bitte das Zigarettenetui.
ツァァイゲン ズィー　ミァ　ビッテ　ダス　ツィガレッテンエトゥユイ

Zeigen は「示す、見せる」ですから、英語の Please show me ~ . です。bitte は英語の please です。

● ちょっと待ってください。

Warten Sie einen Augenblick.
ヴァルテン ズィー　アイネン　アウゲンブリック

einen Augenblick は英語の a moment（ちょっと）で、4格です。Augen（眼）を Blick（一瞥、ひと目）ですから、「瞬間」という意味になります。

● やり方を教えてください。〔機械を使う時など〕

Wie stellt man das ein?
ヴィー シュテールト マン ダス アイン

> 英語であえて言うと How does one regulate this? です。Mann（英語の man）は「人間」ですが、この場合の man（英語の one）は「人、人々」です。直訳は「人はどのようにこれを調整するか？」です。einstellen（調整する）は分離動詞です。

～していただけますか？

● 手伝っていただけますか？

Können Sie mir bitte helfen?
ケンネン ズィー ミァ ビッテ ヘルフェン

● 窓を開けていただけますか？

Können Sie bitte das Fenster öffen?
ケンネン ズィー ビッテ ダス フェンスタァ エフネン

● もっとゆっくり話していただけますか？

Können Sie bitte langsamer sprechen?
ケンネン ズィー ビッテ ラァングザマァ シンプレッヒェン

> langsamer は langsam の比較級です。

Section 11

たずねる

● この近くに銀行はありますか？

Gibt es eine Bank hier in der Nähe?
ギプト エス アイネ バンク ヒーァ イン デア ネーエ

> Es gibt ～．（～がある）や Es regnet.（雨が降る）の Es（英語の It）は、訳されない主語です。これを「非人称主語」と呼びます。Es gibt ～ は「それは～を与える」（英語の It gives ～）ですから、～には4格がきます。意味は「～がある」です。

● 葉巻はありますか？

Haben Sie eine Zigarre?
ハーベン ズィー アイネ ツィガーレエ

● タバコを吸っていいですか？

Darf ich rauchen?
ダルフ イッヒ ラオフェン

> dürfen（→ darf）は「～してもよい」です。

● これは何ですか？

Was ist das?
ヴァス イスト ダス

Kapitel 3 日常生活のやさしいフレーズ

● 何て言ったの？

Was hast du gesagt?
ヴァス　ハスト　ドゥー　ゲザクト

● 君は何で書いているの？

Womit schreibst du?
ヴォミット　シュライプスト　ドゥー

> Womit は、疑問代名詞の Was（英語の What）と、前置詞の mit（英語の with）がくっついたものです。

● あなたはどこへ行きますか？

Wo gehen Sie hin?
ヴォー　ゲーエン　ズィー　ヒン

● いつ行かれますか？

Wann fahren Sie hin?
ヴァン　ファーレン　ズィー　ヒン

● 君はパリへ行ったことがあるの？

Bist du schon einmal in Paris gewesen?
ビスト　ドゥー　シェーン　アインマル　イン　パリス　ゲヴェーゼン

● どこにお住まいですか？

Wo wohnen Sie?
ヴォー　ヴォーネン　ズィー

11 たずねる

● ドイツにはどれくらい滞在しますか？

Wie lange bleiben Sie in Deutschland?
ヴィー　ランゲ　ブライベン　ズィー イン　ドイッチュラント

● 3週間です。

Drei Wochen.
ドライ　ヴォッヘン

Section 12 いくら？ いくつ？

いくら

● いくらですか？
Wieviel 〔Was〕 kostet das?
ヴィーフィール（ヴァス） コステット ダス

kosten（← kostet）は英語の cost（いくらする）ですから、das（これ・それ・あれ）がその主語です。

● この品物はいくらですか？
Wieviel 〔Was〕 kostet diese ware?
ヴィーフィール（ヴァス） コステット ディーゼ ヴァーレ

● このバッグはいくらですか？
Wieviel kostet diese Tasche?
ヴィーフィール コステット ディーゼ タッシェ

● 全部でいくらになりますか？
Was kostet das alles?
ヴァス コステット ダス アレス

alles は副詞です。

いくつ

● あなたは何歳ですか？

Wie alt sind Sie?
ヴィー アルトズィント ズィー

> これは英語の How old are you? と語順が同じです。alt が「古い、年老いた」を意味することも英語の old と同じです。

● 私は27歳です。

Ich bin 27 Jahre alt.
イッヒ ビン ジーブウントツヴァンツィヒ ヤーレ アルト

どのくらい

● どのくらい時間がかかりますか？

Wie lange dauert es?
ヴィー ランゲ ダウエルト エス

● どのくらいあちらに滞在されますか？

Wie lange bleiben Sie dort?
ヴィー ランゲ ブライベン ズィー ドート

● 2週間です。

Für zwei Wochen.
フュール ツヴァイ ヴォッヘン

Section 13
どこから？　いつから？

どこから

● どこからいらしたのですか？

Woher kommen Sie?
ヴォーヘァ　コンメン　ズィー

> kommen は現在形ですから、「どこから来ていますか？」の日本語訳がぴったりです。「いらした」は過去形の印象を与えます。woher（どこ・から）は疑問副詞です。疑問代名詞の Wo と前置詞の her がくっついているのです。

● ザルツブルグからです。

Ich komme aus Salzburg.
イッヒ　コンメ　アウス　ザルツブルグ

● お国はどちらですか？

Wo ist Ihre Heimat?
ヴォー イスト イーレ　ハイマート

> Heimat は「故郷、故国」です。「あなたの（Ihr ← Sie）」という所有形容詞が出てきました。これは、Ihr〔男性〕・Ihre〔女性〕・Ihr〔中性〕という性があります。

103

● 私は日本から来ました。

Ich komme aus Japan.
イッヒ　コンメ　アウス　ヤーパン

> これも「私は日本から来ています」の日本語訳がドイツ語を覚えるのに便利です。aus（～〔の中〕から）は3格支配ですが、Japanには語尾変化がありません。

Ich bin aus Japan.
イッヒ　ビン　アウス　ヤーパン

いつから

● ここにはいつからですか？

Wie lange sind Sie schon hier?
ヴィー　ランゲ　ズィント ズィー シェーン　ヒア

● 1週間前からです。

Seit einer Woche.
ザイト　アイナァ　ヴォッヘ

● 3ヶ月前からです。

Seit drei Monaten.
ザイト　ドライ　モナーテン

Section 14 気候、自然

CD 35

● 今日は暑いです。

Es ist heiß heute.
エスイスト ハイス　ホイテ

> 英語の It is hot today. です。

● 今日は暑いですね。

Es ist heiß heute, nicht wahr?
エスイスト ハイス　ホイテ　ニヒト　ヴァール

> 英語の It is hot today, isn't it? です。「〜ですね」は、英語では「そうではありませんか？」の意味です。wahr は「真実の」〔形容詞〕で、wahr に heit をつけると Wahrheit（真実）という名詞ができます。

● 暑いです。

Es ist heiß.
エスイスト ハイス

● 寒いです。

Es ist kalt.
エスイスト カルト

> kalt（寒い）は英語の cold です。

● 暖かいです。
Es ist warm.
エスイスト ヴァァム

> warm（暖かい）は英語の warm です。

● 涼しいです。
Es ist kühl.
エスイスト キュール

> kühl（涼しい）は英語の cool です。

● 今日はどんな天気ですか？
Wie ist das Wetter heute?
ヴィーイスト ダス ヴェタァ ホイテ

> これは英語の How is the weather today? と語順も同じです。ドイツ語と英語は同じゲルマン語なのだと思わせますね。

● 良い天気です。
Es ist schönes Wetter.
エス イスト シェエーネス ヴェタァ

> 英語では It is fine. で、weather（天気）（ドイツ語の Wetter にあたる）が取れます。

Kapitel 3　日常生活のやさしいフレーズ

● 悪い天気です。
Es ist schlechtes Wetter.
エス イスト　シュレヒテス　　ヴェタァ

> schlecht は「悪い」(英語の bad)です。日本語の「安かろう、悪かろう」は、英語で cheap and nasty、ドイツ語で billig und schlecht です。

● 雨が降るでしょう。
Es wird regnen.
エス ヴィルト レーグネン

● 昨日はとても寒かったです。
Gestern war es sehr kalt.
ゲシュターン　ヴァル　エス　ゼーア　カルト

Section 15

CD 36

電話で

● もしもし、こちらシュミットです。

Hallo! Hier ist Schmidt.
<u>ハロー</u> <u>ヒーア</u> <u>イスト</u> <u>シュミット</u>

> 英語にあえて置き換えると、Hello! This is Schmidt (speaking). です。

● ホフマンさんはご在宅ですか？

Kann ich Herren Hoffman sprechen?
<u>カン</u> <u>イッヒ</u> <u>ヘレン</u> <u>ホフマン</u> <u>シュプレッヒェン</u>

> 「～さん」は Herren ～〔男性〕、Frau ～〔女性〕という言い方をします。

● ホフマンさんとお話ししたいのですが。

Ich möchte Herrn Hoffman sprechen.
<u>イッヒ</u> <u>メヒテ</u> <u>ヘレン</u> <u>ホフマン</u> <u>シュプレッヒェン</u>

> möchte は接続法第Ⅱ式です。Ich mag（← mögen）（～したい）を過去形の mochte にして、さらに ö（ウムラウト）にします。「できれば～したい」という丁寧表現になります。

108

Kapitel 3 日常生活のやさしいフレーズ

● 少しお待ちください。
Einen Moment, bitte.
　アイネン　　モメント　　　ビッテ

Kapitel 4
旅行で使えるフレーズ

　ドイツへ行くことになったら、Kapitel 3 と Kapitel 4 だけで簡単な会話表現を身につけることも可能です。そういう必要にこたえるために、構文も説明してあります。巻末の「日本語から引けるドイツ語ミニ辞典」を参照して、単語を置き換えて話せば、会話のバリエーションがぐっと広がります。

Section 1

ホテルで

● 私の名前は山田カズオと言います。

Mein Name ist Kazuo Yamada.
マイン　ナーメ　イスト　カズオ　　ヤマダ

● 予約してあります。

Ich habe reservieren lassen.
イッヒ　ハーベ　レザヴィーレン　ラッセン

> 「私は予約させました」〔現在完了〕が直訳です。

● 空いた部屋は（まだ）ありますか？

Haben Sie（noch）freie Zimmer?
ハーベン　ズィー　（ノーホ）　フライエ　ツィンマァ

> Zimmer は中性です。noch は英語の yet で、noch nicht は英語の not yet です。

● シングルの部屋はありますか？

Haben Sie ein Einzelzimmer?
ハーベン　ズィー　アイン　アインツェルツィンマァ

Kapitel 4 旅行で使えるフレーズ

● 部屋を見せてもらえますか？

Kann ich das Zimmer sehen?
カン　イッヒ　ダス　ツィンマァ　ゼーエン

> ansehen（よく見る）を使ってもよいでしょう。

● シャワーつきでも結構です。

Mit Dusche ist schon genug.
ミット　ドゥーシェ　イスト　ショーン　ゲヌーク

> schon（もう、すでに）には「～だけでも」(genug)（充分だ）の意味があります。

● バスつきの部屋をお願いします。

Ein Zimmer mit Bad.
アイン　ツィンマァ　ミット　バート

● あまり高くない部屋をお願いします。

Ich suche ein preiswertes Zimmer.
イッヒ　ズーヘ　アイン　プライスヴェールテス　ツィンマァ

> Preis（値段）とwert（価値がある）がくっついて、「値ごろの」の意味になります。

● もっと安い部屋はありませんか？

Haben Sie ein billigeres Zimmer?
ハーベン　ズィー　アイン　ビリーゲレス　ツィンマァ

> billig（安い）の比較級が使われています。

113

● 中庭に面した部屋がいいです。

Ich hätte gerne ein Zimmer, das auf den Hof hinaus geht.

> hätte は haben を接続法第Ⅱ式にした形で、「あれば好ましい（gerne）のですが」という丁寧表現になります。hinaus（外へ）gehen（行く）は、「面した」を意味する分離動詞です。

● いいですね、この部屋にします。

Gut, ich nehme es.

● 1泊（料金は）いくらですか？

Wieviel kostet ein Zimmer pro Nacht?

> pro は「〜につき」です。

● 朝食はついていますか？

Ist Frühstück inbegriffen?

> inbegriffen（含まれている）は副詞・形容詞です。

Kapitel 4　旅行で使えるフレーズ

● 出発します。会計をお願いします。

Ich reise ab.
イッヒ　ライゼ　アップ

Machen Sie meine Rechnung fertig.
マッヘン　ズィー　マイネ　レヒヌング　フェルティヒ

　　fertig は「用意できた」を意味する形容詞です。

Section 2

乗り物

- 切符はどこで買えますか？

    Wo kann ich den Fahrschein kaufen?
    ヴォ　カン　イッヒ　デン　ファールシャイン　カウフェン

- 往復切符をください。

    Hin und zurüch, bitte.
    ヒン　ウント　ツーリュック　ビッテ

- この列車はバーゼル行きですか？

    Ist das der Zug nach Basel?
    イスト ダス　デア　ツーク　ナッハ　バーゼル

- ここは空いていますか？

    Ist hier noch frei?
    イスト ヒア　　ノッホ　　フライ

- ここに座ってもいいですか？

    Können wir uns hier setzen?
    ケンネン　　ヴィア ウンス ヒア　ゼッツェン

Kapitel 4 旅行で使えるフレーズ

● 列車は今、ボンに到着します。

Der Zug kommt jetzt in Bonn an.
デア　ツーク　　コムト　イェッツトイン　　ボン　　アン

● この近くのタクシー乗り場はどこですか？

Wo ist der nächste Taxistand?
ヴォーイスト デア　　ネヒステ　　タクスィシュタンド

● どちらまで？

Wohin möchten Sie?
ヴォーヒン　　メヒテン　　ズィー

● このバスはどこ行きですか？

Wohin fährt dieser Bus?
ヴォーヒン フェールト ディーザァ　ブス

Section 3

レストランで

CD 39

● 定食はありますか？

Haben Sie das Menü?
ハーベン　ズィー　ダス　メニュー

> Menü には「献立表」(メニュー・Menükarte) という意味のほかに、「定食」という意味もあります。

● 何が早くできますか？

Was ist schnell fertig?
ヴァス イスト　シュネル　フェルティヒ

> schnell は「早い」〔形容詞〕です。fertig は「用意できた」です。

● どんな飲み物がありますか？

Was haben Sie zu trinken?
ヴァス　ハーベン　ズィー ツー トゥリンケン

● 赤ワインを1本。

Eine Flasche Rotwein.
アイネ　フラッシェ　ロートヴァイン

> Flasche は英語の bottle です。

Kapitel 4 旅行で使えるフレーズ

● ビールを 1 本。
Eine Flasche Bier.
アイネ　フラッシェ　ビーア

> 「ビール 2 本」ならば zwei Flaschen Bier です。

● 魚料理をいただきたいのですが。
Ich hätte gern ein Fischgericht.
イッヒ　ヘッテ　ゲルン　アイン　フィッシュゲリヒト

> hätte gern は接続法第Ⅱ式です。Gericht〔複数は -e〕は「料理」です。

● あまり辛くしないでください。
Nicht zu scharf, bitte.
ニヒト　ツ　シャァフ　ビッテ

> scharf は「鋭い」で、味について使われると「辛い」という意味になり、英語の sharp も同じです。

● もう少し欲しいのですが。
Ich möchte etwas mehr.
イッヒ　メヒテ　エトヴァス　メァァ

> etwas は英語の something ですが、mehr（英語の more）とくっついて、「もう少し」の意味になります。

119

● 私はジャガイモは好きではありません。
Ich esse Kartoffeln nicht gern.
<u>イ</u>ッヒ　エッ<u>セ</u>　カル<u>ト</u>ッフェルン　<u>ニ</u>ヒト　<u>ゲ</u>ルン

● 欲しくありません。
Ich möchte nicht mehr.
<u>イ</u>ッヒ　<u>メ</u>ヒテ　<u>ニ</u>ヒト　メーァ

> nicht mehr（英語の no more）は「もう～ない」です。mochte は mögen（～したい、～かもしれない）の過去形、それにウムラウトがついた möchte は、Ich mag（私は欲しい）の丁寧表現で、接続法第Ⅱ式です。

● 塩を取ってください。〔同じテーブルの人に〕
Können Sie mir bitte das Salz geben?
<u>ケ</u>ンネン　<u>ズィ</u>ー　ミア　<u>ピッ</u>テ　ダス　<u>ザ</u>ルツ　<u>ゲ</u>ーベン

> bitte は「どうぞ」の意味で、非常によく用いられます。英訳すれば Can you give me the salt? ですが、普通この場合、give でなく pass が「手渡す」の意味で用いられます。また、bitte を英語の please に置き換えれば、Please pass me the salt. です。

● デザートには何がありますか？
Was haben Sie zum Nachtisch?
<u>ヴァ</u>ス　<u>ハ</u>ーベン　<u>ズィ</u>ー　ツム　<u>ナァ</u>ハティッシ

> zum は zu dem です。

Kapitel 4 旅行で使えるフレーズ

● とてもおいしいです。

Es schmeckt mir sehr gut.
エス　シュメックト　ミァ　ゼーア　グート

Es schmeckt（← schmecken）は、英語の It tastes ～ です。

3 レストランで

Section 4

CD 40

ショッピング

● 何をお求めですか？

Was wünschen Sie?
ヴァス　ヴュンシェン　ズィー

英語の What do you want? にあたります。

● ショーウィンドーで緑色のカーディガンを見ました。

Ich habe die grüne Strickjacke im Schaufenster
イッヒ　ハーベ　ディー　グリューネ　シュトリックヤッケ　イム　シャオフェンスタァ
gesehen.
ゲゼーエン

「haben +過去分詞」の現在完了形が、会話では過去形の代わりに頻繁に用いられます。

● そのカーディガンを見せていただけますか。

Zeigen Sie mir bitte die Strickjacke.
ツァイゲン ズィー ミァ　ビッテ ディー シュトリックヤッケ

Zeigen Sie mir は英語の Show me ～ です。

● これを見せていただけますか。

Zeigen Sie mir bitte das.
ツァイゲン ズィー ミァ　ビッテ ダス

Kapitel 4 旅行で使えるフレーズ

● ほかのも見せていただけますか？
Können Sie mir noch andere zeigen?
<u>ケンネン</u>　<u>ズィー</u>　<u>ミァ</u>　<u>ノーホ</u>　<u>アンデレ</u>　<u>ツァイゲン</u>

> noch は「さらに，そのうえに」です。

● 安いのが欲しい。
Etwas billigeres, bitte.
<u>エトヴァス</u>　<u>ビリゲレス</u>　<u>ビッテ</u>

> 不定代名詞の etwas が、ここでは中性単数名詞（あるもの）として用いられています。billigeres は形容詞の比較級です。

● いくらですか？
Wieviel kostet das?
<u>ヴィーフィール</u>　<u>コステット</u>　<u>ダス</u>

Was kostet das? 〔少しくだけた表現〕
<u>ヴァス</u>　<u>コステット</u>　<u>ダス</u>

> 1つ目の例文は、英語の How much does it cost? に似ています。

● 現金で払います。
Ich möchte bar zahlen.
<u>イッヒ</u>　<u>メヒテ</u>　<u>バー</u>　<u>ツァーレン</u>

123

● このバッグは丈夫ですか？

Ist diese Tasche strapazierfähig?
イスト ディーゼ　タッシェ シュトラパツィーァフェーイヒ

> strapazieren が「過労させる」、fähig が「能力がある」です。

● それは革製ですか？

Ist das aus Leder?
イスト ダス アウス レーダァ

> aus Leder（革製）は「材料」を示します。Leder は英語の leather です。aus Japan（日本から）の aus は「場所」を示します。

● 違う色のものはありますか？

Haben Sie andere Farben?
ハーベン ズィー　アンデレ　ファベン

● これは好みではありません。

Das gefällt mir nicht.
ダス ゲフェールト ミァ　ニヒト

Das ist nicht nach meinem Geschmack.
ダス イスト ニヒト ナッハ　マイネム　　ゲシュマック

> 1つ目の例文を直訳すると「これは私に好みに合いません」で、「好みに合う」の gefallen が用いられています。2つ目の例文の Geschmack は「好み」です。

Kapitel 4　旅行で使えるフレーズ

● 70歳の婦人には何が良いでしょうか？

Was empfehlen Sie für eine siebzigjährige Dame?
ヴァス　エンプフェーレン　ズィー　フュア　アイネ　ズィプツィヒイェリゲ　ダーメ

> empfehlen が「すすめる」ですから、直訳は「何をあなたは1人の70歳の婦人にすすめますか？」です。「70歳の～」は、siebzig（70）jährig（歳の）で、それが女性単数名詞の「婦人」（Dame）につきますから、siebzigjährige です。

● ライターが欲しいのですが。

Ich möchte ein Feuerzeug.
イッヒ　メヒテ　アイン　フォイヤァツォイク

> möchte は mögen（～したい）〔助動詞〕の接続法第Ⅱ式で、「～したい、～したいのですが」という丁寧な願望を表します。この場合は動詞がなく、本動詞として用いられています。

● あいにく扱っておりません。

Das gibt es leider bei uns nicht.
ダス　ギフト　エス　ライダァ　バイ　ウンス　ニヒト

> 「ある・ない」〔存在〕を、「Es gibt + 4格」で表現します。leider は「残念ながら」を意味する副詞です。

● 品切れです。

Das haben wir im Augenblick nicht.
ダス　ハーベン　ヴィア　イム　アウゲンブリック　ニヒト

125

Section 5 観光地で

- この街の地図はありますか？

    Haben Sie einen Stadtplan?
    ハーベン　ズィー　アイネン　シュタットプラン

- 街のツアーはありますか？

    Gibt es eine Stadtführung?
    ギプト　エス　アイネ　シュタットフュールンク

- 日本語のガイドはありますか？

    Gibt es eine japanische Führung?
    ギプト　エス　アイネ　ヤパーニッシュ　フュールンク

- 料金表はありますか？

    Haben Sie eine Preisliste?
    ハーベン　ズィー　アイネ　プライスリステ

- ここで両替できますか？

    Kann ich hier Geld wechseln?
    カン　イッヒ　ヒア　ゲルド　ヴェクセルン

Kapitel 4 　旅行で使えるフレーズ

● この近くにレストランはありますか？

Gibt es ein Restaurant hier in der Nähe?
　ギブト　エス　アイン　　レストラーン　　ヒア　イン　デア　　ナーエ

● この通りは何と言うのですか？

Wie heißt diese Straße?
　ヴィー　ハイスト　ディーゼ　シュトラーセ

● ここはどこでしょうか？

Wo sind wir überhaupt?
　ヴォー　ズィント　ヴィア　ユーバーハウプト

● 日本に電話をしたいのですが。

Ich möchte nach Japan telefonieren.
　イッヒ　　メヒテ　　　ナッハ　　ヤーパン　　テレフォニーレン

Section 6 トラブル

CD 42

● 財布をなくしました。

Ich habe mein Portemonnaie verloren.
イッヒ ハーベ マイン ポルトモネー フェアローレン

> 「Kapitel 2 基本文法」でも述べましたが、現在完了を英語のそれと同じ意味で用いるほかに、日常会話で多く用いられます。

● パスポートをなくしました。

Ich habe meinen Paß verloren.
イッヒ ハーベ マイネン パス フェアローレン

● 泥棒！

Dieb!
ディープ

● スリだ！

Ein Taschendieb!
アイン タッシェンディープ

Kapitel 4 旅行で使えるフレーズ

● 助けて！
Hilfe!
ヒルフェ

● 警察を呼んでください。
Rufen Sie die Polizei, bitte.
ルーフェン ズィー ディー ポリツァイ ビッテ

● パスポートをどこかへ置き忘れました。
Ich habe meinen Paß irgendwo liegengelassen.
イッヒ ハーベ マイネン パス イールゲンドヴォー リーゲンゲラッセン

> irgendo（よく知らないけれど）が -wo（どこか）や -was（何かあるもの）や -ein（何らかの〔人・物・事〕）と結びつきます。

● 私の娘がいなくなりました。（娘を見失いました。）
Ich habe meine Tochter verloren.
イッヒ ハーベ マイネ トホタァ フェァローレン

● 彼女が頭をケガしました。
Sie ist am Kopf verletzt.
ズィー イスト アム コップフ フェアレーツト

> verletzen は「傷つける」です。「頭にケガをする」のは「状態の変化」ですので、ist が用いられています。am は an dem〔前置詞と定冠詞〕の結合です。

● うちの子が転びました。

Mein Kind ist hingefallen.
マイン　キント　イスト　ヒンゲファレン

> 「場所の移動」「状態の変化」を表す動詞では、現在完了をhabenでなく「sein＋過去分詞」で作ります。この場合の「転ぶ」は「場所の移動」です。hinfallenは「倒れる」です。

● 階段から落ちました。

Ich bin die Treppe hinuntergefallen.
イッヒ　ビン　ディー　トレッペ　ヒンウンタァゲファレン

● 医者に診てもらったほうがよいでしょう。

Sie sollten den Arzt zu Rate ziehen.
ズィー　ゾールテン　デン　アールツト　ツー　ラーテ　ツィーエン

> sollenは「～すべきである」、sollteは接続法第Ⅱ式で、「～すべきであろう」の意味になります。Ratは「助言」です。

● どうなさいましたか？　〔医師が言う〕

Was fehlt Ihnen?
ヴァス　フェールト　イーネン

> fehlenは「欠けている」です。Ihnenは、「あなたに」です。

Section 7 体調

● 胃が痛いです。

Ich habe Magenschmerzen.
イッヒ　ハーベ　マーゲンシュメルツェン

> これは英語の I have a stomachache. と同じです。Schmerz は「痛み」です。-en がついた Magenschmerzen は複数形です。

● 頭が痛いです。

Ich habe Kopfschmerzen.
イッヒ　ハーベ　コップフシュメルツェン

> Kopf は「頭」です。

● 疲れました。

Ich bin müde.
イッヒ　ビン　ミューデ

> 英語では I am tired. です。müde は「疲れた」〔形容詞〕。

● 眠いです。

Ich bin schläfrig.
イッヒ　ビン　シュレーフリヒ

> 英語では I am sleepy. です。schlafen が「眠る」です。

● 空腹です。
Ich habe Hunger.
イッヒ ハーベ フンガァ

● 風邪をひきました。
Ich habe mich erkältet.
イッヒ ハーベ ミッヒ エァケールテット

> erkälten が「冷やす」、sich erkälten が「自分を、冷やす」で「風邪をひく」になります。この文は再帰動詞の現在完了形です。

● どこが悪いのですか？ 熱がありますか？
Was fehlt Ihnen?　Haben Sie Fieber?
ヴァス フェールト イーネン　ハーベン ズィー フィーバァ

● 私は気分が良くありません。
Ich fühle mich nicht wohl.
イッヒ フューレ ミッヒ ニヒト ヴォール

● ダイエット中です。
Ich muß Diät halten.
イッヒ ムス ディエート ハルテン

> Diät は「ダイエット」、halten は「保つ」です。

Kapitel 4 旅行で使えるフレーズ

● 胃の痛みで私は眠れませんでした。

Wegen der Magenschmerzen konnte ich nicht
ヴェーゲン　デア　　　マーゲンシュメルツ　　　コンテ　イッヒ　ニヒト

schlafen.
シュラーフェン

ドイツのことわざ
ドイツの物語にチャレンジ

Section 1 ドイツの有名なことわざ

CD 44

◆ **Aller guten Dinge sind drei.**
（二度あることは三度ある）

◆ **Auf Regen folgt Sonnenschein.**
（苦あれば楽あり）
　　直訳：雨のあとには陽の光。

◆ **Aus den Augen, aus dem Sinn.**
（去る者、日々に疎し）
　　直訳：目から遠ざかれば、心から遠ざかる。

◆ **Die Wände haben Ohren.**
（壁に耳あり）

◆ **Gleich und gleich gesellt sich gern.**
（類は友を呼ぶ）

◆ **Lieber der Erste hier als der Zweite in Rom.**
（鶏口となるも牛後となるなかれ）
　　直訳：ローマでの２番よりも、ここでの１番。

◆ **Rom wurde nicht an einem Tage erbaut.**
（ローマは一日にして成らず）

◆ **Viele wenig machen ein viel.**
（塵も積もれば山となる）

◆ **Wer viel hat, will alles haben.**
（多く持つ者はすべてを持つことを欲する）

Section 2 ドイツの物語にチャレンジ

Das Ei des Kolumbus

① **Als Kolumbus Amerika entdeckt hatte, gab man ihm ein Fest.** ② **Einer der Herren sagte : "Wer ein gutes Schiff hat und damit immer nach Westen fährt, muß das Land entdecken, das er gesucht hat."**

③ **Kolumbus stand auf und nahm ein Ei, das auf dem Tisch lag.** ④ **Er sagte : "** ⑤ **Meine Herren!** ⑥ **Sie haben natürlich recht.** ⑦ **Aber können Sie dieses Ei so auf den Tisch stellen, daß es nicht umfällt?"**

⑧ **Alle Gäste versuchten, das Ei auf den Tisch zu stellen.** ⑨ **Aber keinem gelang es.** ⑩ **Da nahm Kolumbus schweigend das Ei und setze es so auf den Tisch, daß die Schale zerbrach und das Ei fest auf dem Tisch stand.**

⑪ **Kolumbus sagte lächelnd :** ⑫ **"Was Kolumbus kann, können Sie auch!"**

ドイツの物語にチャレンジ

① **Als Kolumbus Amerika entdeckt hatte, gab man ihm ein Fest.**
- Als　〜をした時〔英語の when〕
- hatte entdeckt　発見した〔過去完了〕
- gab（← geben）　与えた〔過去〕
- man　人、人々〔不定代名詞〕
- Fest　祝宴〔英語の festival〕

② **Einer der Herren sagte : "Wer ein gutes Schiff hat und damit immer nach Westen fährt, muß das Land entdecken, das er gesucht hat."**
- damit　それを持って〔前置詞と代名詞の結合〕
- immer nach 〜　いつまでも〜へ
- Westen　西、西方
- 〜 , das 〜　〔関係代名詞〕
- hat gesucht　探した〔現在完了〕

③ **Kolumbus stand auf und nahm ein Ei, das auf dem Tisch lag.**
- stand auf（← aufstehen）　立ち上がった〔過去形〕
- nahm（← nehmen）　取った〔過去形〕
- Ei　卵〔英語の egg〕
- lag（← legen）　横にした、置いた〔過去形〕

④ **Er sagte**
- sagte（← sagen）　言った〔過去〕

⑤ **Meine Herren!**
- Herr　紳士、主人〔複数形は Herren〕

⑥ **Sie haben natürlich recht.**
- recht　正しい〔英語の right〕

⑦ **Aber können Sie dieses Ei so auf den Tisch stellen, daß es nicht umfällt?"**
- dieses　この〔指示代名詞。英語の this〕
- so ～ , daß ～　～するように～

⑧ **Alle Gäste versuchten, das Ei auf den Tisch zu stellen.**
- stellen　立てる、置く〔英語の stand, set〕

⑨ **Aber keinem gelang es.**
- keinem gelang es　誰も成功しなかった〔gelang ← gelingen〕

⑩ **Da nahm Kolumbus schweigend das Ei und setze es so auf den Tisch, daß die Schale zerbrach und das Ei fest auf dem Tisch stand.**
- Da　そこで〔英語の then〕
- schweigend（← schweigen）　黙って〔現在分詞〕
- Schale　殻、外皮〔英語の shell〕
- fest　安定した、しっかりした

⑪ **Kolumbus sagte lächelnd :**
- lächelnd（← lächeln）　微笑んで〔現在分詞〕

ドイツの物語にチャレンジ

⑫ **"Was Kolumbus kann, können Sie auch!"**

- Was 〔不定関係代名詞〕
- auch 〜も、〜もまた〔英語の also〕

コロンブスの卵

①コロンブスがアメリカを発見した時、人々は彼に祝宴を設けた。②紳士たちの１人が言った、「一艘の良い船を持ち、それでいつまでも西へ乗って行く者は、彼が見つけたところの陸を発見するはずである」と。
③コロンブスは立ち上がって、１個の卵を取り、それをテーブルの上に横にした。④彼が言った、「⑤紳士諸君！　⑥あなたがたはもちろん正しい。⑦しかし、あなたがたはこの卵をテーブルの上に、それが倒れないように立てることができますか？」と。
⑧すべての客がその卵をテーブルの上に立てることを試みた。⑨しかし、誰も成功できなかった。⑩そこでコロンブスは黙って卵を取って、それをテーブルの上へ、殻がこわれて卵がテーブルの上にしっかりと立つように、据えた。⑪コロンブスは笑いながら言った、⑫「コロンブスができることは、あなたがたもできます」と。

不規則動詞の変化表

	直説法現在	直説法過去	接続法第Ⅱ式	過去分詞
befehlen (命ずる)	*du* befiehlst *er* befiehlt	befahl	beföhle (befähle)	befohlen
beginner (始める)		begann	begönne (begänne)	begonnen
bieten (提供する)	*du* bietest *er* bietet	bot	böte	geboten
binden (結ぶ)		band	bände	gebunden
bitten (乞う)	*du* bittest *er* bittet	bat	bäte	gebeten
bleiben (とどまる)		blieb	bliebe	geblieben
brechen (破る)	*du* brichst *er* bricht	brach	bräche	gebrochen
bringen (持って来る)		brachte	brächte	gebracht
denken (考える)		dachte	dächte	gedacht
dürfen [話法の助動詞] (…してもよい)	*ich* darf *du* darfst *er* darf	durfte	dürfte	gedurft (dürfen)

不規則動詞の変化表

	直説法現在	直説法過去	接続法第Ⅱ式	過去分詞
empfehlen (推薦する)	*du* empfiehlst *er* empfiehlt	empfahl	empföhle (empfähle)	empfohlen
essen (食べる)	*du* { [issest] ißt *er* ißt	aß	äße	gegessen
fahren (乗り物で行く)	*du* fährst *er* fährt	fuhr	führe	gefahren
fallen (落ちる)	*du* fällst *er* fällt	fiel	fiele	gefallen
finden (見い出す)	*du* findest *er* findet	fand	fände	gefunden
fliegen (飛ぶ)		flog	flöge	geflogen
gebären (産む)	*du* gebierst *sie* gebiert	gebar	gebäre	geboren
geben (与える)	*du* gibst *er* gibt	gab	gäbe	gegeben
gehen (行く)	*du* gehst *er* geht	ging	ginge	gegangen
gelingen (成功する)	*es* gelingt	gelang	gelänge	gelungen

	直説法現在	直説法過去	接続法第Ⅱ式	過去分詞
genießen (享受する)		genoß	genösse	genossen
geschehen (起こる)	*es* geschieht	geschah	geschähe	geschehen
gewinnen (獲得する)		gewann	gewönne (gewänne)	gewonnen
greifen (つかむ)		griff	griffe	gegriffen
haben (持っている)	*du* hast *er* hat	hatte	hätte	gehabt
halten (保つ)	*du* hältst *er* hält	hielt	hielte	gehalten
hängen (かかっている)	*du* hängst *er* hängt	hing	hinge	gehangen
heben (持ち上げる)	*du* hebst *er* hebt	hob (hub)	höbe (hübe)	gehoben
heißen (…と呼ばれている)	*du* heiß[es]t *er* heißt	hieß	hieße	gehießen
helfen (助ける)	*du* hilfst *er* hilft	half	hülfe (hälfe)	geholfen

不規則動詞の変化表

	直説法現在	直説法過去	接続法第Ⅱ式	過去分詞
kennen （知っている）		kannte	kennte	gekannt
kommen （来る）	*du* kommst *er* kommt	kam	käme	gekommen
können ［話法の助動詞］ （…できる）	*ich* kann *du* kannst *er* kann	konnte	könnte	gekonnt (können)
laden （荷を積む）	*du* lädst *er* lädt	lud	lüde	geladen
lassen （…させる）	*du* {[lässest] / läßt} *er* läßt	ließ	ließe	gelassen (lassen)
laufen （走る）	*du* läufst *er* läuft	lief	liefe	gelaufen
lesen （読む）	*du* lies[es]t *er* liest	las	läse	gelesen
liegen （横たわっている）		lag	läge	gelegen
meiden （避ける）	*du* meidest *er* meidet	mied	miede	gemieden
mögen ［話法の助動詞］ （…かもしれない）	*ich* mag *du* magst *er* mag	mochte	möchte	gemocht (mögen)

	直説法現在	直説法過去	接続法第Ⅱ式	過去分詞
müssen ［話法の助動詞］ (…ねばならぬ)	*ich* muß *du* mußt *er* muß	mußte	müßte	gemußt (müssen)
nehmen (取る)	*du* nimmst *er* nimmt	nahm	nähme	genommen
nennen (…と名づける)		nannte	nennte	genannt
preisen (ほめる)	*du* preis[es]t *er* preist	pries	priese	gepriesen
raten (忠告する)	*du* rätst *er* rät	riet	riete	geraten
rennen (駆ける)		rannte	rennte	gerannt
rufen (叫ぶ)		rief	riefe	gerufen
scheiden (分ける)	*du* scheidest *er* scheidet	schied	schiede	geschieden
scheinen (輝く, 思われる)		schien	schiene	geschienen
schelten (叱る)	*du* schiltst *er* schilt	schalt	schölte (schälte)	gescholten

不規則動詞の変化表

	直説法現在	直説法過去	接続法第Ⅱ式	過去分詞
schlafen （眠る）	*du* schläfst *er* schläft	schlief	schliefe	geschlafen
schlagen （打つ）	*du* schlägst *er* schlägt	schlug	schlüge	geschlagen
schließen （閉じる）	*du* schließ[es]t *er* schließt	schloß	schlösse	geschlossen
schmelzen （溶ける）	*du* schmilz[es]t *er* schmilzt	schmolz	schmölze	geschmolzen
schneiden （切る）	*du* schneidest *er* schneidet	schnitt	schnitte	geschnitten
schrecken （驚く）	*du* schrickst *er* schrickt	schrak	schräke	erschrocken （但し分離前綴を持つとき：-geschroken）
schreiben （書く）		schrieb	schriebe	geschrieben
schreien （叫ぶ）		schrie	schriee	geschrie[e]n
schreiten （歩む）	*du* schreitest *er* schreitet	schritt	schritte	geschritten
schweigen （沈黙する）		schwieg	schwiege	geschwiegen

	直説法現在	直説法過去	接続法第Ⅱ式	過去分詞
schwimmen (泳ぐ)		schwamm	schwömme (schwämme)	geschwommen
schwinden (消え失せる)	*du* schwindest *er* schwindet	schwand	schwände	geschwunden
sehen (見る)	*du* siehst *er* sieht	sah	sähe	gesehen
sein (ある)	*ich* bin *du* bist *er* ist	war	wäre	gewesen
senden (送る)	*du* sendest *er* sendet	sandte (sendete)	sendete	gesandt (gesendet)
singen (歌う)		sang	sänge	gesungen
sitzen (座っている)	*du* sitz[es]t *er* sitzt	saß	säße	gesessen
sollen [話法の助動詞] (…すべきである)	*ich* soll *du* sollst *er* soll	sollte	sollte	gesollt (sollen)
sprechen (話す)	*du* sprichst *er* spricht	sprach	spräche	gesprochen
stehen (立っている)	*du* stehst *er* steht	stand	stände (stünde)	gestanden

不規則動詞の変化表

	直説法現在	直説法過去	接続法第Ⅱ式	過去分詞
stehlen (盗む)	*du* stiehlst *er* stehlt	stahl	stöhle (stähle)	gestohlen
steigen (登る)		stieg	stiege	gestiegen
sterben (死ぬ)	*du* stirbst *er* stirbt	starb	stürbe	gestorben
stoßen (突く)	*du* stöß[es]t *er* stößt	stieß	stieße	gestoßen
streiten (争う, 戦う)	*du* streitest *er* streitet	stritt	stritte	gestritten
tragen (担う)	*du* trägst *er* trägt	trug	trüge	getragen
treffen (当たる, 会う)	*du* triffst *er* trifft	traf	träfe	getroffen
treten (踏む, 進む)	*du* trittst *er* tritt	trat	träte	getreten
trinken (飲む)		trank	tränke	getrunken
tun (する)	*du* tust *er* tut	tat	täte	getan

	直説法現在	直説法過去	接続法第Ⅱ式	過去分詞
vergessen （忘れる）	$du \begin{cases} \text{[vergissest]} \\ \text{vergißt} \end{cases}$ *er* vergißt	vergaß	vergäße	vergessen
verlieren （失くす）		verlor	verlöre	verloren
wachsen （成長する）	*du* wächst *er* wächst	wuchs	wüchse	gewachsen
waschen （洗う）	$du \begin{cases} \text{wächst[e]st} \\ \text{wäscht} \end{cases}$ *er* weist	wusch	wüsche	gewaschen
weisen （指し示す）	*du* weis[es]t *er* weist	wies	wiese	gewiesen
werben （得ようと努める）	*du* wirbst *er* wirbt	warb	würbe	geworben
werden （…になる）	*du* wirst *er* wird	wurde 古形(ward)	würde	geworden
werfen （投げる）	*du* wirfst *er* wirft	warf	würfe	geworfen
wissen （知っている）	*ich* weiß *du* weißt *er* weiß	wußte	wüßte	gewußt
wollen ［話法の助動詞］ （欲する）	*ich* will *du* willst *er* will	wollte	wollte	gewollt (wollen)

日本語から引ける
ドイツ語ミニ辞典

あ

愛	Liebe［リーベ］
あいさつする	grüßen［グリューセン］
アイスクリーム	Eis［アイス］
愛する	lieben［リーベン］
あいた	frei［フライ］
青い	blau［ブラウ］
赤い	rot［ロート］
上がる	steigen［シュタイゲン］
明るい	hell［ヘル］
赤ワイン	Rotwein［ロートヴァイン］
秋	Herbst［ヘルプスト］
朝	Morgen［モルゲン］
脚	Fuß［フース］
明日	morgen［モルゲン］
遊ぶ	spielen［シュピーレン］
与える	geben［ゲーベン］
暖かい	warm［ヴァルム］
頭	Kopf［コップフ］
頭がいい	intelligent［インテリゲント］
新しい	neu［ノイ］
暑い	heiß［ハイス］
厚い	dick［ディック］
集める	sammeln［ザンメルン］
集める〔人を〕	versammeln［フェアザンメルン］
あなた（がた）	Sie［ズィー］
あなた（がた）の	Ihr［イーア］
兄	Bruder［ブルーダァ］
姉	Schwester［シュヴェスタァ］
あの	jener［イェーナァ］
危ない	gefährlich［ゲフェーァリヒ］
甘い	süß［ジュース］
雨	Regen［レーゲン］
雨が降る	regnen［レーグネン］
洗う	waschen［ヴァッシェン］
争う	kämpfen［ケンプフェン］
現れる	auftreten［アウフトレーテン］
ありがとう	Danke!［ダンケ］
（〜が）ある	Es gibt ~［エス・ギプト］
（〜が）あるか？	Gibt es ~?［ギプト・エス］
ある	sein［ザイン］
歩く	gehen［ゲーエン］
アルコール	Alkohol［アルコホル］
哀れな	arm［アルム］
安全な	sicher［ズィッヒァァ］
案内する	führen［フューレン］

い

胃	Magen［マーゲン］
いいえ	Nein［ナイン］
家	Haus［ハウス］
言う	sagen［ザーゲン］
医学	Medizin［メディツィーン］
怒り	Ärger［エルガァ］
息をする	atmen［アートメン］
池	Teich［タイヒ］
意見	Meinung［マイヌング］
医師	Arzt［アールツト］
意志	Wille［ヴィッレ］
石	Stein［シュタイン］
椅子	Stuhl［シュトゥール］
急いで	eilig［アイリヒ］
忙しい	beschäftigt［ベシェフティヒト］
痛い	schmerzlich［シュメルツリヒ］
痛み	Schmerz［シュメルツ］
市場	Markt［マルクト］
一緒に	zusammen［ツザンメン］
一杯〔飲物〕	eine Tasse［アイネ・タッセ］
いっぱいの	voll［フォル］

いつも immer [インマァ]
犬 Hund [フント]
祈る beten [ベーテン]
今 jetzt [イェッット]
いまや nun [ヌン]
意味する bedeuten [ベドイテン]
妹 Schwester [シュヴェスタァ]
色 Farbe [ファルベ]
インク Tinte [ティンテ]

う

ウィーン風の Wiener [ヴィーナァ]
飢え Hunger [フンガァ]
上に oben [オーベン]
上へ auf [アウフ]
牛〔雄・雌〕 Rind [リント]・Kuh [クー]
失う verlieren [フェァリーレン]
(〜の)後ろで〔へ〕 hinter [ヒンタァ]
嘘 Lüge [リューゲ]
歌 Lied [リート]
歌う singen [ズィンゲン]
疑う bezweifeln [ベツヴァイフェルン]
美しい schön [シェーン]
腕 Arm [アルム]
うなずく nicken [ニッケン]
馬 Pferd [プフェールト]
海 Meer [メーァ]・See [ゼー]
売る verkaufen [フェアカウフェン]
うるさい〔音〕 laut [ラウト]
うれしい freuen (sich)
　　　　　[フロイエン(ズィッヒ)]

え

絵 Bild [ビルト]
映画 Film [フィルム]
映画館 Kino [キーノ]

影響 Einfluß [アインフルス]
英語 Englisch [エングリッシュ]
描く〔色で〕 malen [マーレン]
描く〔線で〕 zeichnen [ツァイヒネン]
駅 Bahnhof [バーンホフ]
選ぶ wählen [ヴェーレン]
得る bekommen [ベコンメン]
円 Kreis [クライス]
援助する unterstützen
　　　　　[ウンタァシュテュッツェン]
延長する verlängern [フェアレンゲルン]
鉛筆 Bleistift [ブライシュティフト]

お

王 König [ケーニヒ]
追う folgen [フォルゲン]
終える beenden [ベエンデン]
大きい groß [グロース]
(やや)多くの manch [マンヒ]
丘 Hügel [ヒューゲル]
おかしい komisch [コミッシュ]
起きる aufstehen [アウフシュテーエン]
置き忘れる liegenlassen
　　　　　[リーゲンラッセン]
置く hinsetzen [ヒンゼッツェン]
贈る schenken [シェンケン]
遅れ Verspätung
　　　　　[フェアシュペートゥング]
遅れた spät [シュペート]
起こす〔目ざます〕 wecken [ヴェッケン]
行う ausführen [アウスフューレン]
起こる geschehen [ゲシェーエン]
怒る ärgern (sich)
　　　　　[エルゲルン(ズィッヒ)]
おじ Onkel [オンケル]
教える lehren [レーレン]

押す	schieben	[シーベン]
遅い〔時刻〕	spät	[シュペート]
恐ろしい	furchtbar	[フルヒトバール]
落ちる	hinunterfallen	[ヒヌンタァファレン]
夫	Mann	[マン]
音	Schall	[シャル]
弟	Bruder	[ブルーダァ]
男	Mann	[マン]
訪れる	besuchen	[ベズーヘン]
踊る	tanzen	[タンツェン]
おば	Tante	[タンテ]
重い	schwer	[シュヴェーア]
おはよう	Guten Morgen	[グーテン・モルゲン]
思う	denken	[デンケン]
おもしろい	interessant	[インテレッサント]
泳ぐ	schwimmen	[シュヴィンメン]
終わり	Ende	[エンデ]

か

カーディガン	Strickjacke	[シュトリックヤッケ]
カーテン	Vorhang	[フォーァハング]
回	Mal	[マール]
会計	Rechnung	[レヒヌング]
外国	Ausland	[アウスラント]
外国人	Ausländer	[アウスレンダァ]
改札口	Sperre	[シュペレ]
快適な	angenehm	[アンゲネーム]
外出する	ausgehen	[アウスゲーエン]
階段	Treppe	[トゥレッペ]
回復	Besserung	[ベッセルング]
買物をする	verkaufen	[フェアカウフェン]
会話	Gespräch	[ゲシュプレーヒ]
買う	kaufen	[カウフェン]
飼う	züchten	[チュヒテン]
帰る	zurückkehren	[ツリュックケーレン]
変える	ändern	[エンダァン]
顔	Gesicht	[ゲズィヒト]
香り	Aroma	[アローマ]
鏡	Spiegel	[シュピーゲル]
鍵	Schlüssel	[シュリュッセル]
書く	schreiben	[シュライベン]
学生	Student (in)	[シュトゥデント(ティン)]
隠れる	verbergen (sich)	[フェアベルゲン]
過去	Vergangenheit	[フェアガンゲンハイト]
傘	Schirm	[シルム]
飾る	schmücken	[シュミュッケン]
菓子	Süßigkeiten	[ジュースィヒカイテン] (主に複数形で)
火事	Brand	[ブラント]
貸す	leihen	[ライエン]
風	Wind	[ヴィント]
家族	Familie	[ファミーリエ]
数える	rechnen	[レヒネン]
形	Form	[フォルム]
語る	erzählen	[エアツェーレン]
かつて	ehemals	[エーェマールス]
必ず	bestimmt	[ベシュティムト]
金	Geld	[ゲルト]
彼女は	sie	[ズィー]
彼女の	ihrer	[イーラァ]
彼女に	ihr	[イーァ]
彼女を	sie	[ズィー]
彼は	er	[エア]

彼の	seiner	[ザイナァ]
彼に	ihm	[イーム]
彼を	ihn	[イーン]
彼女らは	sie	[ズィー]
彼女らの	ihrer	[イーラァ]
彼女らに	ihnen	[イーネン]
彼女らを	sie	[ズィー]
紙	Papier	[パピーァ]
雷	Donner	[ドンナァ]
カメラ	Fotoapparat	[フォートアパラート]
～から	von	[フォン]
辛い	scharf	[シャァフ]
軽い	leicht	[ライヒト]
彼らは	sie	[ズィー]
彼らの	ihrer	[イーラァ]
彼らに	ihnen	[イーネン]
彼らを	sie	[ズィー]
かわいい	hübsch	[ヒュップシュ]
考える	denken	[デンケン]
感謝	Dank	[ダンク]
感謝する	danken	[ダンケン]
完全な	perfekt	[ペルフェクト]

き

木	Baum	[バウム]
黄色の	gelb	[ゲルプ]
消える	erlöschen	[エァレッシェン]
機械	Maschine	[マシーネ]
聞く	hören	[ヘーレン]
危険な	gefährlich	[ゲフェーァリヒ]
気候	Klima	[クリーマ]
傷つける	verletzen	[フェアレッツェン]
季節	Jahreszeit	[ヤーレスツァイト]
北	Norden	[ノルデン]
汚い	schmutzig	[シュムッツィヒ]
貴重な	kostbar	[コストバール]
喫茶店	Café	[カフェー]
切符	Fahrkarte	[ファールカルテ]
気に入る	gefallen	[ゲファレン]
気の毒な	leid	[ライト]
きびしい	streng	[シュトレング]
決まった	bestimmt	[ベシュティムト]
君たちに〔を〕	euch	[オイヒ]
君たちは	ihr	[イーァ]
君に	dir	[ディーァ]
君の	deiner	[ダイナァ]
君は	du	[ドゥー]
君を	dich	[ディッヒ]
奇妙な	sonderbar	[ゾンダァバール]
客	Gast	[ガスト]
牛乳	Milch	[ミルヒ]
今日	heute	[ホイテ]
教師	Lehrer	[レーラァ]
興味	Interesse	[インテレッセ]
去年	letztes Jahr	[レッツテス ヤール]
霧	Nebel	[ネーベル]
切る	schneiden	[シュナイデン]
着る	anziehen	[アンツィーエン]
銀行	Bank	[バンク]
近所	Nähe	[ネーエ]

く

空港	Flughafen	[フルークハーフェン]
空腹の	hungrich	[フングリヒ]
草	Gras	[グラース]
腐った	faul	[ファウル]
薬	Arznei	[アールツナイ]
具体的な	konkret	[コンクレート]
果物	Frucht	[フルフト]
口	Mund	[ムント]
苦痛	Schmerz	[シュメルツ]

157

靴下	Socke [ゾッケ]
国	Staat [シュタート]
区別する	unterscheiden [ウンタァシャイデン]
雲	Wolke [ヴォルケ]
曇った	wolkig [ヴォルキヒ]
暗い	düster [デューストァ]
グラス	Glas [グラース]
比べる	vergleichen [フェアグライヒェン]
来る	kommen [コンメン]
苦しむ	leiden [ライデン]
車	Auto [アウト], Wagen [ヴァーゲン]

け

毛	Haar [ハール]
計画	Plan [プラーン]
警官	Polizist [ポリツィスト]
経験	Erfahrung [エァファールング]
経験する	erfahren [エァファーレン]
計算	Rechnung [レヒヌング]
計算する	rechnen [レヒネン]
芸術	Kunst [クンスト]
ケーキ	Kuchen [クーヘン]
消す	löschen [レッシェン]
結果	Ergebnis [エアゲーブニス]
結婚する	heiraten [ハイラーテン]
決して〜ない	nie [ニー]
決心	Entschluß [エントシュルス]
決心する	entschließen [エントシュリーセン]
欠席の	abwesend [アップヴェーゼント]
決定する	bestimmen [ベシュティンメン]
欠点	Fehler [フェーラァ]
煙	Rauch [ラウホ]
蹴る	kicken [キッケン]

原因	Grund [グルント]
研究	Forschung [フォルシュング]
研究する	forschen [フォルシェン]
言語	Sprache [シュプラーヘ]
健康な	gesund [ゲズント]
現実の	real [レアール]
現代の	gegenwärtig [ゲーゲンヴェルティヒ]
原料	Material [マテリアール]

こ

濃い〔飲み物など〕	stark [シュタルク]
公園	Park [パルク]
幸運	Glück [グリュック]
効果	Effekt [エフェクト]
高価な	kostbar [コストバール]
合計	Summe [ズンメ]
香水	Parfüm [パルフューム]
紅茶	Tee [テー]
交通	Verkehr [フェアケーァ]
幸福	Glück [グリュック]
声	Stimme [シュティンメ]
コーヒー	Kaffee [カフェー]
氷	Eis [アイス]
ここ	hier [ヒーァ]
午後	Nachmittag [ナーハミッターク]
故国	Heimat [ハイマート]
心〔心臓〕	Herz [ヘルツ]
今年	dieses Jahr [ディーゼス・ヤール]
言葉	Sprache [シュプラーヘ]
子供	Kind [キント]
これ〔それ・あれ〕は	das [ダス]
こわす	zerbrechen [ツェアブレッヒェン]
こわれた	kaputt [カプット]
今月	dieser Monat [ディーザァ・モーナト]

| 今週 | diese Woche [ディーゼ・ヴォッヘ] |

さ

さあ	nur [ヌーァ]
最近	neulich [ノイリヒ]
最後の	letzt [レット]
咲いている	blühen [ブリューエン]
才能	Begabung [ベガーブング]
財布	Portemonnaie [ポルトモネー]
さがす	suchen [ズーヘン]
魚	Fisch [フィッシュ]
魚料理	Fischgerichte [フィッシュゲリヒテ]
下がる	fallen [ファレン]
咲く	aufblühen [アウフブリューエン]
酒	Alkohol [アルコホル]
叫び	Schrei [シュライ]
避ける	vermeiden [フエァマイデン]
差し込む	stecken [シュテッケン]
させる	lassen [ラッセン]
砂糖	Zucker [ツッカァ]
寂しい	einsam [アインザーム]
冷ます	abkühlen [アップキューレン]
寒い	kalt [カルト]
さようなら	Auf Wiedersehen [アウフ・ヴィーダゼーエン]
皿	Platte [プラッテ]
去る	gehen [ゲーエン], verlassen [フェアラッセン]
触る	berühren [ベリューレン]
参加する	teilnehmen [タイルネーメン]
残念ながら	leider [ライダァ]

し

～氏	Herr [ヘル]
死	Tod [トート]
幸せな	glücklich [グリュックリヒ]
塩	Salz [ザルツ]
塩辛い	salzig [ザルツィヒ]
しかし	aber [アーバァ], doch [ドッホ]
シガレット・ケース	Zigarettenetui [ツィガレッテンエトユイ]
時間	Stunde [シュトゥンデ]
四季	vier Jahreszeiten [フィール ヤーレスツァイテン]
試験	Examen [エクサーメン]
事故	Unfall [ウンファル]
支出	Ausgabe [アウスガーベ]
自信	Selbstvertrauen [セルプストフェアトラウエン]
地震	Erdbeben [エールトベーベン]
静かな	ruhig [ルーイヒ]
自然	Natur [ナトゥーァ]
舌	Zunge [ツンゲ]
時代	Epoche [エポッヘ]
～したいのですが	möchte [メヒテ]
親しい	vertraut [フェアトラウト]
～したとき	als [アルス]
しっかりした	fest [フェスト]
失敗する	mißlingen [ミスリンゲン]
～してもよい	dürfen [デュルフェン]
質問する	fragen [フラーゲン]
辞典	Wörterbuch [ヴェルタァブーフ]
品物	Ware [ヴァーレ]
死ぬ	sterben [シュテルベン]
支払う	bezahlen [ベツァーレン]
示す	zeigen [ツァイゲン]
社会	Gesellschaft [ゲゼルシャフト]
シャワー	Dusche [ドゥーシェ]
週	Woche [ヴォッヘ]
自由な	frei [フライ]
習慣	Gewohnheit [ゲヴォーンハイト]

宗教	Religion [レリギオーン]
充分な	genug [ゲヌーク]
出発する	abfahren [アップファーレン]
祝宴	Fest [フェスト]
趣味	Geschmack [ゲシュマック]
正午	Mittag [ミッターク]
上方へ	bergauf [ベルグアウフ]
正直な	ehrlich [エーァリヒ]
少女	Mädchen [メートヒェン]
少年	Junge [ユンゲ]
丈夫な〔品物〕	strapazierfähig [シュトラパツィーァフェイヒ]
職業	Beruf [ベルーフ]
女性	Frau [フラウ]
瞬間	Augenblick [アウゲンブリック]
白い	weiß [ヴァイス]
信じる	glauben [グラウベン]
親切な	freundlich [フロイントリヒー]
信じられない	unglaublich [ウングラウブリヒ]
真の	wahr [ヴァール]

す

水泳	Schwimmen [シュヴィンメン]
スイス	Schweiz [シュヴァイツ]
吸う	rauchen [ラウヘン]
数学	Mathematik [マテマティーク]
スープ	Suppe [ズッペ]
スカート	Rock [ロック]
好きである	haben gern [ハーベン・ゲルン]
救う	retten [レッテン]
少ない	gering [ゲリング]
すぐに	bald [バルト], gleich [グライヒ]
すごい	toll [トル]
少し	ein bißchen [アイン・ビスヒェン]

少しも～ない	kein [カイン]
過ごす	verbringen [フェァブリンゲン]
涼しい	kühl [キュール]
すすめる	empfehlen [エンプフェーレン]
捨てる	aufgeben [アウフゲーベン]
すばらしい	ausgezeichnet [アウスゲツァイヒネット]
スペイン	Spanien [シュパーニエン]
すべての	alles [アレス]
スポーツ	Sport [シュポルト]
住む	wohnen [ヴォーネン]
座らせる	aufsetzen [アウフゼッツェン]
する	tun [トゥーン]
鋭い	scharf [シャルフ]
するほど～に	so ～, das ～ [ゾー, ダス]

せ

性格	Charakter [カラクタァ]
正確な	genau [ゲナウ]
生活する	leben [レーベン]
請求書	Rechnung [レヒヌング]
成功する	gelingen [ゲリンゲン]
正常な	normal [ノルマール]
成長する	wachsen [ヴァックセン]
生命	Leben [レーベン]
セーター	Pullover [プローヴァー]
世界	Welt [ヴェルト]
席	Platz [プラッツ]
石けん	Seife [ザイフェ]
説明する	erklären [エァクレーレン]
狭い	eng [エング]
先週	letzte Woche [レッツェ・ヴォッヘ]
先生	Lehrer (in) [レーラァ(レリン)]
戦争	Krieg [クリーク]
洗濯する	waschen [ヴァッシェン]
全部で	alles [アレス]

そ

掃除する	putzen [プッツェン]
想像する	vorstellen [フォーァシュテレン]
ソース	Soße [ゾーセ]
ソーセージ	Wurst [ヴルスト]
速度	Geschwindigkeit [ゲシュヴィンディヒカイト]
祖国	Vaterland [ファータァラント]
そこで〔に〕	da [ダー]
育つ	wachsen [ヴァックセン]
育てる	aufziehen [アウフツィーエン]
沿って	entlang [エントラング]
袖	Ärmel [エルメル]
外で〔に〕	draußen [ドラウセン]
その上に	darauf [ダラウフ]
祖父	Großvater [グロースファータァ]
ソファ	Sofa [ゾーファ]
祖母	Großmutter [グロースムッタァ]
空	Himmel [ヒンメル]
それ	es [エス]
それ	das [ダス]
それから	dann [ダン]
それを	damit [ダーミット]
そんな	solch [ゾルヒ]
そんなに	so [ゾー]

た

大学	Universität [ウニフェアズィテート]
大学生	Student (in) [シュトゥデント(ティン)]
体験する	erleben [エァレーベン]
滞在	Aufenthalt [アウフェントハルト]
大西洋	Atlantik [アトランティク]
たいへん	sehr [ゼーァ]
太陽	Sonne [ゾンネ]
平らな	eben [エーベン]
たえず	immer [インマァ]
倒れる	fallen [ファレン]
タオル	Handtuch [ハントトゥーフ]
高い	hoch [ホーホ]
高い〔値〕	teuer [トイヤァ]
だから	deshalb [デスハルプ]
たくさんの	viel [フィール]
タクシー	Taxi [タクスィ]
確かな	gewiß [ゲヴィス]
助ける	helfen [ヘルフェン]
尋ねる	fragen [フラーゲン]
訪ねる	besuchen [ベズーヘン]
正しい	recht [レヒト]
ただ～だけ	nur [ヌーァ]
立つ	stehen [シュテーエン]
立てる	stellen [シュテレン]
例えば	zum Beispiel [バイシュピール]
楽しい	fröhlich [フレーリヒ]
頼む	bitten [ビッテン]
タバコ	Tabak [ターバク], Zigarette [ツィガレッテ]
タバコを吸う	rauchen [ラウヘン]
旅立つ	abreisen [アップライゼン]
たびたび	oft [オフト]
食べる	essen [エッセン]
卵	Ei [アイ]
試す	probieren [プロビーレン]
(～の) ために	für [フューァ]
誰	wer [ヴェーァ]
単語	Wort [ヴォルト]
誕生日	Geburtstag [ゲブールツターク]
ダンス	Tanz [タンツ]

ち

血	Blut	[ブルート]
小さい	klein	[クライン]
チーズ	Käse	[ケーゼ]
近い	nah (e)	[ナー(エ)]
地下鉄	U-Bahn	[ウ・バーン]
力	Kraft	[クラフト]
遅刻	Verspätung	[フェアシュペートゥング]
父	Vater	[ファータァ]
地方	Gegend	[ゲーゲント]
茶	Tee	[テー]
茶色の	braun	[ブラウン]
忠告	Rat	[ラート]
昼食	Mittagessen	[ミッタークエッセン]
中心	Mittelpunkt	[ミッテルプンクト]
注文する	bestellen	[ベシュテレン]
頂上	Gipfel	[ギプフェル]
朝食	Frühstück	[フリューシュテュック]
調整する	einstellen	[アインシュテレン]
ちょうど	eben	[エーベン]
チョコレート	Schokolade	[ショコラーデ]
治療する	behandeln	[ベハンデルン]

つ

ついに	endlich	[エントリヒ]
通知する	melden	[メルデン]
通訳する	dolmetschen	[ドルメッチェン]
使う	benutzen	[ベヌッツェン]
疲れた	müde	[ミューデ]
(〜に)つき	pro	[プロ]
月	Mond	[モント]
次の	folgend	[フォルゲント]
着く	ankommen	[アンコンメン]
突く	stoßen	[シュトーセン]
机	Tisch	[ティッシュ]
つくる	machen	[マッヘン]
土	Boden [ボーデン], Erde [エールデ]	
頭痛	Kopfschmerz	[コップフシュメルツ]
続く	dauern	[ダウエルン]
努める	anstrengen (sich)	[アンシュトレンゲン(ズィッヒ)]
常に	immer	[インマァ]
妻	Frau	[フラウ]
冷たい	kalt	[カルト]
強い	kräftig	[クレフティヒ]

て

手	Hand	[ハント]
〜で	mit	[ミット]
出会う	begegen	[ベゲーゲン]
〜である	sein	[ザイン]
〜であるように	Möge〜	[メーゲ]
抵抗する	wiedersetzen	[ヴィーダアゼッツェン]
定食	Menü	[メニュー]
停留所	Station [シュタツィオーン], Haltestelle [ハルテステレ]	
テーブル	Tisch	[ティッシュ]
手押し車	Karren	[カレン]
手紙	Brief	[ブリーフ]
〜できる	können	[ケンネン]
出口	Ausgang	[アウスガング]
テスト	Prüfung	[プリューフング]
手伝う	helfen	[ヘルフェン]
鉄道	Bahn	[バーン]
デザート	Nachtisch	[ナーハティッシ]

日本語から引けるドイツ語ミニ辞典

デザイナー　Musterzeichner
　　　　　　［ムスタァツァイヒナァ］
テニス　Tennis［テニス］
寺　　　Tempel［テムペル］
出る　　ausgehen［アウスゲーエン］
テレビ　Fernsehen［フェルンゼーエン］
点　　　Punkt［プンクト］
天気　　Wetter［ヴェッタァ］
電車　　Bahn［バーン］
電話　　Telefon［テレフォーン］

と

戸　　　Tür［テューァ］
〜と〜　und［ウント］
ドイツ　Deutschland［ドイッチラント］
ドイツ語　Deutsch［ドイッチ］
ドイツ人　Deutsche(r)
　　　　　［ドイチェ(チャァ)］
塔　　　Turm［トゥルム］
道具　　Gerät［ゲレート］
当時　　damals［ダーマールス］
当然　　natürlich［ナテューァリヒ］
どうぞ　bitte［ビッテ］
到着する　ankommen［アンコンメン］
動物　　Tier［ティーァ］
遠い　　fern［フェルン］
通り　　Straße［シュトラーセ］
道路　　Weg［ヴェーク］
時〔時計〕　Uhr［ウーァ］
時々　　manchmal［マンヒマール］
特に　　besonders［ベゾンダァス］
どこ　　wo［ヴォー］
どこから　woher［ヴォーヘーァ］
どこへ　wohin［ヴォーヒーン］
年　　　Jahr［ヤール］
年取った　alt［アルト］

閉じる　zumachen［ツーマッヘン］
突然　　prötzlich［プレーツリヒ］
どの　　welch［ヴェルヒ］
どの〜も　jeder［イェーダァ］
どのように　wie［ヴィー］
飛ぶ　　fliegen［フリーゲン］
乏しい　gering［ゲリング］
トマト　Tomate［トマーテ］
止まる　halten［ハルテン］
トラック　Lastwagen［ラストヴァーゲン］
鳥　　　Vogel［フォーゲル］
努力する　anstrengen (sich)
　　　　　［アンシュトレンゲン(ズィッヒ)］
取る　　nehmen［ネーメン］

な

(〜で)ない　nicht［ニヒト］
ナイフ　Messer［メッサァ］
治す〔病気を〕　heilen［ハイレン］
長い　　lang［ラング］
中庭　　Hof［ホーフ］
眺める　ansehen［アンゼーエン］
流れる　fließen［フリーセン］
泣く　　weinen［ヴァイネン］
なくす　verlieren［フェァリーレン］
投げる　werfen［ヴェルフェン］
夏　　　Sommer［ゾンマァ］
何　　　Was［ヴァス］
何もない　nichts［ニヒツ］
名前　　Name［ナーメ］
(〜に)なる　werden［ヴェーァデン］

に

〜に　　an［アン］, um［ウム］, zum
　　　　［ツーム］
似合う　passen［パッセン］

163

苦い	bitter [ビッタァ]
肉	Fleisch [フライシュ]
憎む	hassen [ハッセン]
逃げる	flüchten [フリュヒテン]
西	Westen [ヴェステン]
虹	Regenbogen [レーゲンボーゲン]
似ている	ähnlich [エーンリヒ]
日本	Japan [ヤーパン]
日本語	Japanisch [ヤパーニッシ]
日本人	Japaner [ヤパーナァ]
～にもかかわらず	trotz [トゥロッツ]
入場券	Eintrittskarte [アイントリッツカルテ]
煮る	kochen [コッヘン]
人間	Mensch [メンシュ]

ぬ

縫う	nähen [ネーエン]
抜く	herausziehen [ヘラウスツィーエン]
脱ぐ	ausziehen [アウスツィーエン]
盗む	stehlen [シュテーレン]
布	Tuch [トゥーフ]
塗る	streichen [シュトライヒェン]
ぬるい	lau [ラウ]
ぬれた	naß [ナス], feucht [フォイヒト]

ね

願う	bitten [ビッテン]
ネクタイ	Krawatte [クラヴァッテ]
猫	Katze [カッツェ]
値頃の	preiswert [プライスヴェルト]
値段	Preis [プライス]
(～の)値段である	kosten [コステン]
熱	Fieber [フィーバァ]
～ねばならぬ	müssen [ミュッセン]

眠い	schläfrig [シュレーフリヒ]
眠る	schlafen [シュラーフェン]
年齢	Alter [アルタァ]

の

脳	Gehirn [ゲヒルン]
能力	Fähigkeit [フェーイヒカイト]
残る	bleiben [ブライベン]
残り	Rest [レスト]
除く	ausschließen [アウスシュリーセン]
望む	wünschen [ヴュンシェン]
のちに	nachher [ナーハヘーァ]
ノックする	klopfen [クロップフェン]
のどが渇いた	durstig [ドゥルスティヒ]
～のほうへ	nach [ナーハ]
昇る〔太陽〕	aufgehen [アウフゲーエン]
飲む	trinken [トリンケン]
～のもとに	bei [バイ]
乗る	einsteigen [アインシュタイゲン]

は

歯	Zahn [ツァーン]
葉	Blatt [ブラット]
刀	Schneide [シュナイデ]
灰	Asche [アッシェ]
肺	Lunge [ルンゲ]
はい	Ja [ヤー]
灰色の	grau [グラウ]
歯医者	Zahnarzt [ツァーンアルツト]
売店	Kiosk [キオスク]
俳優	Schauspieler [シャウシュピーラァ]
入る	eintreten [アイントレーテン]
ハガキ	Postkarte [ポストカルテ]
ばかな	dumm [ドゥム]

博物館	Museum [ムゼーウム]
激しい	heftig [ヘフティヒ]
箱	Karton [カルトン]
運ぶ	tragen [トラーゲン], bringen [ブリンゲン]
はさみ	Schere [シェーレ]
橋	Brücke [ブリュッケ]
始まる	beginnen [ベギンネン]
場所	Ort [オルト]
走る	laufen [ラウフェン]
バス	Bus [ブス]
パスポート	Paß [パス]
バター	Butter [ブッタァ]
働く	arbeiten [アァバイテン]
罰	Strafe [シュトラーフェ]
バッグ	Tasche [タッシェ]
発車する	abfahren [アップファーレン]
鼻	Nase [ナーゼ]
花	Blume [ブルーメ]
話	Geschichte [ゲシヒテ]
話す	sprechen [シュプレッヒェン]
母	Mutter [ムッタァ]
浜	Strand [シュトラント]
葉巻	Zigarettenetui [ツィガレッテンエトユイ]
ハム	Schinken [シンケン]
早い	schnell [シュネル]
早く	früh [フリュー]
払う	bezahlen [ベツァーレン]
春	Frühling [フリューリング]
晴れた	schön [シェーン]
晩	Abend [アーベント]
半分の	halb [ハルプ]
パン屋	Bäcker [ベッカァ]

ひ

日	Tag [ターク]
火	Feuer [フォイァ]
美	Schönheit [シェーンハイト]
ピアノ	Klavier [クラヴィーァ]
ビール	Bier [ビーァ]
比較する	vergleichen [フェアグライヒェン]
東	Osten [オ(ー)ステン]
光	Licht [リヒト]
光る	glänzen [グレンツェン]
引く	ziehen [ツィーエン]
弾く	spielen [シュピーレン]
低い	niedrig [ニードリヒ]
ひげ	Bart [バールト]
飛行機	Flugzeug [フルークツォイク]
美術	Kunst [クンスト]
非常に	sehr [ゼーァ]
左の	link [リンク]
引っぱる	ziehen [ツィーエン]
必要な	nötig [ネーティヒ]
人〔人々〕	man [マン]
一つの	ein [アイン]・eine [アイネ]
ひとりで	allein [アライン]
響く	ertönen [エァテーネン]
秘密	Geheimnis [ゲハイムニス]
百	hundert [フンダァト]
冷やす	kühlen [キューレン], erkälten [エァケールテン]
秒	Sekunde [ゼクンデ]
病気の	krank [クランク]
開く	öffnen [エフネン]
昼	Mittag [ミッターク]
広い	breit [ブライト]
ビン	Flasche [フラッシェ]

ふ

不安	Angust	[アングスト]
フィルム	Film	[フィルム]
風景	Landschaft	[ラントシャフト]
夫婦	Ehepaar	[エーエパール]
不運	Unglück	[ウングリュック]
増える	vermehren (sich)	[フェアメーレン(ズィッヒ)]
フォーク	Gabel	[ガーベル]
深い	dicht [ディヒト], tief [ティーフ]	
拭く	wischen	[ヴィッシェン]
吹く	blasen	[ブラーゼン]
服	Kleidung	[クライドゥング]
複雑な	kompliziert	[コンプリツィーアト]
含まれた	inbegriffen	[インベグリッフェン]
含む	enthalten	[エントハルテン]
袋	Beutel	[ボイテル]
不幸な	unglücklich	[ウングリュックリヒ]
婦人	Dame	[ダーメ]
不足	Mangel	[マンゲル]
豚	Schwein	[シュヴァイン]
再び	wieder	[ヴィーダァ]
再び会う	wiedersehen	[ヴィーダァゼーエン]
ぶつかる	fallen [ファレン], stoßen [シュトーセン]	
フットボール	Fußball	[フースバル]
太い	dick	[ディック]
ブドウ	Traube	[トラウベ]
船	Schiff	[シッフ]
部分	Teil	[タイル]
踏む	treten	[トレーテン]
冬	Winter	[ヴィンタァ]
フランス	Frankreich	[フランクライヒ]
フランス（人・語）	französisch	[フランツェーズィシ]
古い	alt	[アルト]
風呂	Bad	[バート]
分	Minute	[ミヌーテ]
文化	Kultur	[クルトゥーァ]
文学	Literatur	[リテラトゥーァ]

へ

〜へ	an	[アン]
平和	Friede	[フリーデ]
〜べきである	sollen	[ゾレン]
ベット	Bett	[ベット]
別の	ander	[アンダァ]
部屋	Zimmer [ツィンマァ], Raum [ラウム]	
ベルリン人	Berliner	[ベルリナァ]
ペン	Feder	[フェーダァ]
変化	Veränderung	[フェアエンデルング]
勉強	Arbeit	[アァバイト]
返事	Antwort	[アントヴォルト]
ベンチ	Bank	[バンク]
便利な	günstich	[ギュンスティヒ]

ほ

貿易	Handel	[ハンデル]
方角	Richtung	[リヒトゥング]
方言	Dialekt	[ディアレクト]
冒険	Abenteuer	[アーベントイヤァ]
帽子	Hut	[フート]
宝石	Edelstein	[エーデルシュタイン]
放送	Sendung	[ゼンドゥング]
豊富な	reich	[ライヒ]
法律	Gesetz	[ゲゼッツ]
吠える	bellen	[ベレン]

ボーイ〔店の〕　Kellner [ケルナァ]
ボールペン　Kugelschreiber [クーゲルシュライバァ]
保護する　schützen [シュッツェン]
星　　Stern [シュテルン]
欲する　wollen [ヴォレン], möchte [メヒテ]
細い　dünn [デュン]
ホテル　Hotel [ホテル]
ほとんど　fast [ファスト]
微笑む　lächeln [レーヒェルン]
ほめる　loben [ローベン]
本当の　echt [エヒト], richtig [リヒティヒ]
本当に　wirklich [ヴィルクリヒ]
本　　Buch [ブーフ]
本屋　Buchhandlung [ブーフハンドルング]
翻訳する　übersetzen [ユーバァゼッツエン]

ま

(〜の) 前で　vor [フォーァ]
前に　früher [フリューァァ], vorhin [フォァヒン]
負かす　besiegen [ベズィーゲン]
巻く　rollen [ローレン]
枕　　Kopfkissen [コップフキッセン]
孫　　Enkel [エンケル]
まさか　Ach nein! [アッハ ナイン]
まじめな　ernst [エルンスト]
まず　vor allem [フォア・アーレム]
貧しい　arm [アルム]
また　wieder [ヴィーダァ]
まだ　noch [ノッホ]
または　oder [オーダァ]
町　　Stadt [シュタット]

間違い　Fehler [フェーラァ]
間違える　irren (sich) [イレン(ズィッヒ)]
間違った　falsch [ファルシ]
待つ　warten [ヴァルテン]
まっすぐの　gerade [ゲラーデ]
まったく　ganz [ガンツ]
祭　　Feier [ファイヤァ]
〜まで　bis [ビス]
窓　　Fenster [フェンスタァ]
学ぶ　lernen [レルネン]
招く　einladen [アインラーデン]
まねる　nachahmen [ナーハアーメン]
まもなく　bald [バルト]
守る　schützen [シュッツェン]
迷う　verlaufen (sich) [フェアラウフェン(ズィッヒ)]
真夜中　Mitternacht [ミッタァナハト]
丸い　rund [ルント]
マルク　Mark [マルク]
回す　drehen [ドレーエン]
(〜の) まわりで　um [ウム]
回り道　Umweg [ウムヴェーク]
万年筆　Füller [フュラァ]
満腹の　satt [ザット]

み

見える　scheinen [シャイネン]
見かけ　Anschein [アンシャイン]
右の　recht [レヒト]
未婚の　ledig [レーディヒ]
短い　kurz [クルツ]
水　　Wasser [ヴァッサァ]
湖　　See [ゼー]
店　　Geschäft [ゲシェフト]
見せる　zeigen [ツァイゲン]
道　　Wege [ヴェーゲ]

導く　führen［フューレン］
見つける　finden［フィンデン］
認める　anerkennen［アンエァケンネン］
緑色の　grün［グリューン］
見る　sehen［ゼーエン］
港　Hafen［ハーフェン］
南　Süden［ジューデン］
醜い　häßlich［ヘスリヒ］
耳　Ohr［オーァ］
耳が聞こえない〔遠い〕　taub［タウプ］
みやげ　Geschenk［ゲシェンク］
未来　Zukunft［ツークンフト］
魅力　Reiz［ライツ］
見る　sehen［ゼーエン］, blicken［ブリッケン］
ミルク　Milch［ミルヒ］

む

無意味な　sinnlos［ズィンロース］
迎えに行く　abholen［アップホーレン］
迎える　begrüßen［ベグリューセン］
昔の　alt［アルト］
麦　Roggen［ロッゲン］
向こうで　drüben［ドリューベン］
向こうの上へ　hinauf［ヒナウフ］
（～の）向こうで〔へ〕　über［ユーバァ］
虫　Insekt［インゼクト］
むしろ　eher［エーァァ］, lieber［リーバァ］
難しい　schwierig［シュヴィーリヒ］
息子　Sohn［ゾーン］
結ぶ　binden［ビンデン］
娘　Tochter［トホタァ］
むだな　vergeblich［フェアゲーブリヒ］
村　Dorf［ドルフ］
紫色の　violett［ヴィオレット］

め

眼　Auge［アウゲ］
姪　Nichte［ニヒテ］
迷信　Aberglaube［アーバァグラウベ］
名声　Ruhm［ルーム］
命令する　befehren［ベフェーレン］
メートル　Meter［メータァ］
めがね　Brille［ブリレ］
目覚まし時計　Wecker［ヴェッカァ］
珍しい　selten［ゼルテン］
メニュー　Speisekarte［シュパイゼカルテ］
面している　hinausgehen［ヒナウスゲーエン］

も

もう　schon［ショーン］
もう少し　mehr［メーァ］
もう～でない　nicht mehr［ニヒト・メーア］
盲目の　blind［ブリント］
燃える　brennen［ブレンネン］
目的　Zweck［ツヴェック］
文字　Buchstabe［ブーフシュターベ］
もしもし　Hallo［ハロー］
もたらす　bringen［ブリンゲン］
もちろん　natürlich［ナチューァリヒ］
持つ〔持っている〕　haben［ハーベン］
～もまた　auch［アウホ］

や

焼く　brennen［ブレンネン］
約　etwas［エトヴァス］
約束　Versprechen［フェアシュプレッヒェン］

野菜	Gemüse [ゲミューゼ]
易しい	einfach [アインファッハ]
養う	ernähren [エァネーレン]
安い〔値〕	billig [ビリッヒ]
休み	Pause [パウゼ]
休む	ausruhen (sich) [アウスルーエン(ズィッヒ)]
やせた	dünn [デュン], mager [マーガァ]
やっと	endlich [エントリヒ]
雇う	anstellen [アンシュテレン]
屋根	Dach [ダッハ]
破る	reißen [ライセン]
山	Berg [ベルク]
止む	aufhören [アウフヘーレン]
柔らかな	weich [ヴァイヒ]

ゆ

湯	warmes Wasser [ヴァルメス ヴァッサァ]
夕方	Abend [アーベント]
勇敢な	mutich [ムーティヒ]
勇気	Mut [ムート]
優秀な	ausgezeichnet [アウスゲツァイヒネット]
友情	Freundschaft [フロイントシャフト]
夕食	Abendessen [アーベントエッセン]
郵便	Post [ポスト]
郵便切手	Briefmarke [ブリーフマルケ]
有名な	berühmt [ベリュームト]
ユーモア	Humor [フモール]
愉快な	lustig [ルスティヒ]
雪	Schnee [シュネー]
雪が降る	schneien [シュナイエン]
行く	gehen [ゲーエン]
豊かな	reich [ライヒ]

指	Finger [フィンガァ]
指輪	Ring [リング]
夢	Traum [トラウム]

よ

夜明け	Dämmerung [デンメルング]
良い	gut [グート]
(〜しても)よい	dürfen [デュルフェン]
用意できた	fertig [フェルティヒ]
陽気な	heiter [ハイタァ]
要求する	fordern [フォルデァン]
用心	Vorsicht [フォアズィヒト]
要素	Element [エレメント]
ヨーロッパ	Europa [オイローパ]
横にする	legen [レーゲン]
浴室	Bad [バート]
(〜と)呼ばれる	heißen [ハイセン]
呼ぶ	rufen [ルーフェン]
読む	lesen [レーゼン]
喜ばす	freuen [フロイエン]
喜び	Freude [フロイデ]
喜んで	gern [ゲルン]
予約する	reservieren [レゼルヴィーレン]
弱い	schwach [シュヴァッハ]

ら

ライオン	Löwe [レーヴェ]
ライター	Feuerzeug [フォイヤァツォイク]
楽な	bequem [ベクヴェーム]
ラジオ	Radio [ラーディオ]

り

利益	Gewinn [ゲヴィン]
理解する	verstehen [フェアシュテーエン]
陸	Land [ラント]

利口な　klug［クルーク］
理想　Ideal［イデアール］
理由　Grund［グルント］
流行　Mode［モーデ］
両替する　wechseln［ヴェックセルン］
領収書　Quittung［クヴィットゥング］
両親　Eltern［エルテァン］
料理　Gericht［ゲリヒト］
料理する　kochen［コッヘン］
旅行する　reisen［ライゼン］
リンゴ　Apfel［アプフェル］

る

留守の　abwesend［アップヴェーゼント］

れ

冷蔵庫　Kühlschrank［キュールシュランク］
冷凍する　einfrieren［アインフリーレン］
歴史　Geschichte［ゲシヒテ］
レジ　Kasse［カッセ］
レストラン　Restaurant［レストラーン］
列車　Zug［ツーク］
レモン　Zitrone［ツィトローネ］
恋愛　Liebe［リーベ］
レンズ　Linse［リンゼ］

ろ

老人　Alte［アルテ］
労働　Arbeit［アルバイト］
労働者　Arbeiter［アルバイタァ］
ロープ　Seil［ザイル］
ロシア　Rußland［ルスラント］
ロシア（人・語）の　russisch［ルスィッシュ］

わ

輪　Ring［リング］
ワイシャツ　Hemd［ヘムト］
ワイン　Wein［ヴァイン］
若い　jung［ユング］
沸かす　kochen［コッヘン］
別れ　Abschied［アップシート］
わずかな　ein wenig［アイン・ヴェーニヒ］
忘れる　vergessen［フェアゲッセン］
私は　ich［イッヒ］
私に　mir［ミーァ］
私の～　mein［マイン］
私を　mich［ミッヒ］
私たちは　wir［ヴィーァ］
私たちに〔を〕　uns［ウンス］
私たちの　unser［ウンザァ］
わら　Stroh［シュトロー］
笑う　lachen［ラッヘン］

基数詞

0 null [ヌル]
1 eins [アインス]
2 zwei [ツヴァイ]
3 drei [ドライ]
4 vier [フィーア]
5 fünf [フュンフ]
6 sechs [ゼックス]
7 sieben [ズィーベン]
8 acht [アハト]
9 neun [ノイン]
10 zehn [ツェーン]
20 zwanzig [ツヴァンツィヒ]
30 dreißig [ドライスィヒ]
40 vierzig [フィアツィヒ]
50 fünfzig [フュンフツィヒ]
60 sechzig [ゼヒツィヒ]
70 siebzig [ズィープツィヒ]
80 achtzig [アハツィヒ]
90 neunzig [ノインツィヒ]
100 (ein) hundert [(アイン)フンダアト]
1,000 (ein) tausend [(アイン)タウゼント]

曜日

月曜日 Montag [モーンターク]
火曜日 Dienstag [ディーンスターク]
水曜日 Mittwoch [ミットヴォッホ]
木曜日 Donnerstag [ドンナァスターク]
金曜日 Freitag [フライターク]
土曜日 Samstag [ザムスターク]
日曜日 Sonntag [ゾンターク]

月

1月 Januar [ヤヌアール]
2月 Februar [フェーブルアール]
3月 März [メルツ]
4月 April [アプリル]
5月 Mai [マイ]
6月 Juni [ユーニ]
7月 Juli [ユーリ]
8月 August [アウグスト]
9月 September [ゼプテムバァ]
10月 Oktober [オクトーバァ]
11月 November [ノヴェムバァ]
12月 Dezember [デツェムバァ]

●著者略歴
中野久夫（なかの　ひさお）

長野県生まれ。文芸・美術評論家。早稲田大学文学部卒業。桜美林大学、多摩美術大学の講師を経て、フランス語・スペイン語・ドイツ語等の入門書執筆に専念。
著書『新版 CD BOOK はじめてのフランス語』『新版 CD BOOK はじめてのスペイン語』(明日香出版社)、『カラー版　フランス語が面白いほど身につく本』『カラー版　ドイツ語が面白いほど身につく本』（以上、KADOKAWA）、『フランス語らくらく速習 24 日』『ドイツ語らくらく速習 24 日』(以上、国際語学社) ほか多数。

●協力●
欧米・アジア語学センター
http://www.fi.jpn.ac/

本書の内容に関するお問い合わせ
明日香出版社　編集部
☎(03) 5395-7651

新版 CD BOOK はじめてのドイツ語

| 2014 年　3 月 22 日　初 版 発 行 | 著　者 | 中　野　久　夫 |
| 2017 年　12 月 30 日　第 6 刷発行 | 発行者 | 石　野　栄　一 |

明日香出版社

〒112-0005 東京都文京区水道 2-11-5
電話 (03) 5395-7650 (代 表)
　　 (03) 5395-7654 (FAX)
郵便振替 00150-6-183481
http://www.asuka-g.co.jp

■スタッフ■　編集　小林勝／久松圭祐／古川創一／藤田知子／田中裕也／生内志穂
　　　　　　　営業　渡辺久夫／浜田充弘／奥本達哉／平戸基之／野口優／横尾一樹／
　　　　　　　　　　関山美保子／藤本さやか　財務　早川朋子

印刷　株式会社フクイン
製本　根本製本株式会社
ISBN 978-4-7569-1685-3 C2084

本書のコピー、スキャン、デジタル化等の無断複製は著作権法上で禁じられています。
乱丁本・落丁本はお取り替え致します。
©Hisao Nakano 2014 Printed in Japan
編集担当　石塚幸子

CD BOOK たったの 72 パターンで こんなに話せるイタリア語会話

**ビアンカ・ユキ
ジョルジョ・ゴリエリ**

「～はどう？」「～だといいね」など、決まったパターンを使いまわせば、イタリア語は誰でも必ず話せるようになる！ これでもうフレーズ丸暗記の必要ナシ。この 72 パターンを覚えれば、言いたいことが何でも言えるようになります。

本体価格 1800 円＋税　B6 変型　〈224 ページ〉　2010/07 発行　978-4-7569-1397-5

CD BOOK たったの 72 パターンで こんなに話せるフランス語会話

**小林 知子
エリック・フィオー**

「～はどう？」「～だといいね」など、決まったパターンを使いまわせば、フランス語は誰でも必ず話せるようになる！ これでもうフレーズ丸暗記の必要ナシ。この 72 パターンを覚えれば、言いたいことが何でも言えるようになります。

本体価格 1800 円＋税　B6 変型　〈224 ページ〉　2010/08 発行　978-4-7569-1403-3

CD BOOK たったの 72 パターンで こんなに話せるスペイン語会話

**欧米・アジア語学センター
フリオ・ルイス・ルイス**

日常会話でよく使われる基本的なパターン（文型）を使い回せば、スペイン語で言いたいことが言えるようになります！ まず基本パターン（文型）を理解し、あとは単語を入れ替えれば、いろいろな表現を使えるようになります。

本体価格 1800 円＋税　B6 変型　〈224 ページ〉　2013/02 発行　978-4-7569-1611-2

CD BOOK イタリア語会話フレーズブック

ビアンカ・ユキ
ジョルジョ・ゴリエリ

日常生活で役立つイタリア語の会話フレーズを2900収録。状況別・場面別に、よく使う会話表現を掲載。海外赴任・留学・旅行・出張で役立つ表現も掲載。あらゆるシーンに対応できる、会話表現集の決定版！

本体価格2800円＋税　B6変型　〈360ページ〉　2007/03発行　978-4-7569-1050-9

CD BOOK フランス語会話フレーズブック

井上 大輔／エリック・フィオー
井上 真理子

フランス好きの著者と、日本在住のフランス人がまとめた、本当に使えるフランス語会話フレーズ集！基本的な日常会話フレーズだけでなく、読んでいるだけでためになるフランス情報ガイド的な要素も盛り込みました。CD3枚付き！

本体価格2800円＋税　B6変型　〈416ページ〉　2008/01発行　978-4-7569-1153-7

CD BOOK スペイン語会話フレーズブック

林 昌子

日常生活で役立つスペイン語の会話フレーズを2900収録。状況別に、よく使う会話表現を掲載。スペイン語は南米の国々でも使われています。海外赴任・留学・旅行・出張で役立つ表現も掲載。あらゆるシーンに対応できる会話表現集の決定版！

本体価格2900円＋税　B6変型　〈408ページ〉　2006/05発行　978-4-7569-0980-0

CD BOOK ドイツ語会話フレーズブック

岩井 千佳子
アンゲリカ・フォーゲル

日常生活で役立つドイツ語の会話フレーズを 2900 収録。状況別に、よく使う会話表現を掲載。海外赴任・留学・旅行・出張で役立つ表現も掲載。カードに添える言葉、若者言葉なども紹介しています。

本体価格 2900 円 + 税　B6 変型　〈400 ページ〉　2006/02 発行　4-7569-0955-8

CD BOOK 韓国語会話フレーズブック

李 明姫

日常生活で役立つ韓国語の会話フレーズを 2900 収録。状況別・場面別に、よく使う会話表現を掲載。近年、韓国を訪れる日本人が増えています。海外赴任・留学・旅行・出張で役立つ表現も掲載。あらゆるシーンに対応できる、会話表現集の決定版！

本体価格 2800 円 + 税　B6 変型　〈464 ページ〉　2005/06 発行　978-4-7569-0887-2

CD BOOK 台湾語会話フレーズブック

趙怡華：著
陳豐惠：監修

好評既刊『はじめての台湾語』の著者が書いた、日常会話フレーズ集です。シンプルで実用的なフレーズを場面別・状況別にまとめました。前作と同様、台湾の公用語と現地語（親しい人同士）の両方の表現を掲載しています。様々なシーンで役立ちます。CD3 枚付き。

本体価格 2900 円 + 税　B6 変型　〈424 ページ〉　2010/06 発行　978-4-7569-1391-3